河北省教育厅人文社会科学研究重大课题攻关项目

# "两业"融合
## 推动河北省制造业高质量发展研究

马文秀 杨弋靖 樊悦 ◎ 等著

中国财经出版传媒集团

经济科学出版社
Economic Science Press

·北 京·

图书在版编目（CIP）数据

"两业"融合推动河北省制造业高质量发展研究／
马文秀等著．－－北京：经济科学出版社，2024.7.
ISBN 978－7－5218－6023－8

Ⅰ．F426.4

中国国家版本馆 CIP 数据核字第 2024GR6465 号

责任编辑：崔新艳
责任校对：王肖楠
责任印制：范　艳

**"两业"融合推动河北省制造业高质量发展研究**
"LIANGYE" RONGHE TUIDONG HEBEISHENG
ZHIZAOYE GAOZHILIANG FAZHAN YANJIU
马文秀　杨弋靖　樊　悦　等著
经济科学出版社出版、发行　新华书店经销
社址：北京市海淀区阜成路甲 28 号　邮编：100142
经管中心电话：010－88191335　发行部电话：010－88191522
网址：www.esp.com.cn
电子邮箱：espcxy@126.com
天猫网店：经济科学出版社旗舰店
网址：http://jjkxcbs.tmall.com
北京季蜂印刷有限公司印装
710×1000　16 开　13.25 印张　220000 字
2024 年 7 月第 1 版　2024 年 7 月第 1 次印刷
ISBN 978－7－5218－6023－8　定价：53.00 元
（图书出现印装问题，本社负责调换。电话：010－88191545）
（版权所有　侵权必究　打击盗版　举报热线：010－88191661
QQ：2242791300　营销中心电话：010－88191537
电子邮箱：dbts@esp.com.cn）

本书为 2021 年度河北省教育厅人文社会科学研究重大课题攻关项目——"两业"融合推动河北省制造业高质量发展研究（项目编号：ZD202112）的最终研究成果。

# 序　言

　　党的二十大报告指出，高质量发展是全面建设社会主义现代化国家的首要任务，坚持把发展经济的着力点放在实体经济上，推进新型工业化，加快建设制造强国，推动现代服务业同先进制造业、现代农业深度融合。制造业是实体经济的基础，制造业高质量发展是发展壮大实体经济、实现整个经济高质量发展的重要支撑，也是加快建设"制造强国"的必由之路。先进制造业与现代服务业融合（即"两业"融合）是实现我国制造业高质量发展的重要路径。"两业"融合发展日益成为新工业革命的关键支撑，也是顺应新一轮科技革命和产业发展的必然趋势，符合服务经济时代产业演进的基本规律。我国推进先进制造业和现代服务业融合既是增强制造业核心竞争力和构建现代化产业体系的重要抓手，也是畅通内循环构建双循环的必行之策，更是确保产业链供应链安全、培育区域产业新增长点和提升区域经济韧性的必要之举。

　　党的十八大以来，我国制造业发展取得了明显成就，制造业增加值连续多年稳居世界第一。但我国制造业被锁定在全球价值链分工的中低技术生产环节，"大而不强，全而不优"问题依然突出，低端制造业和传统服务业低水平匹配问题凸显，制造业发展正面临着对外技术依存度高、高端制造回流和低端制造分流、智能制造转型升级等多重挑战。作为中国的制造业大省，河北省

"两业"深度融合发展对促进我国"两业"高质量融合制造业高质量发展意义重大。近年来,河北省深入贯彻落实习近平总书记"坚决去、主动调、加快转"等重要指示,持续深化结构调整,大力推进传统产业转型升级,聚焦打造现代产业体系新支柱,着力发展壮大新一代信息技术、生物医药健康、高端装备制造、新能源、新材料、新能源汽车、先进环保等战略性新兴产业,大力推进数字产业化、产业数字化,促进先进制造业和现代服务业加速融合,培育壮大发展新动能。然而,随着河北省"两业"融合步伐的持续推进,"两业"协同性不强、融合深度不够、融合发展区域不均衡和行业不协调、政策环境约束和体制机制束缚等问题逐渐浮出水面。如何推动先进制造业和现代服务业高水平匹配发展、打造现代化产业体系构筑新优势是河北省当下亟须破解的难题。

在此背景下,本书以《"两业"融合推动河北省制造业高质量发展研究》为题,探析"两业"融合的理论基础、融合模式以及发展趋势;分析河北省先进制造业和现代服务业的发展现状;科学测度与评价河北省"两业"融合发展水平和制造业高质量发展水平,剖析"两业"融合发展面临的困境;运用数理模型和机制分析解析"两业"融合对制造业高质量发展的作用机制,并实证检验"两业"融合对河北省制造业高质量发展影响;通过剖析典型国家、典型省份和典型企业的"两业"融合发展实践,总结出对河北省"两业"融合发展的启示;在此基础上,针对河北省"两业"融合与制造业发展存在的问题,探寻河北省推动"两业"深度融合以及推动制造业高质量发展的有效路径及对策建议,这对河北省乃至中国推动"两业"深度融合和制造业高质量发展都具有重要的现实意义。

　　文章合为时而著。本书旨在构建国内大循环为主体、国内国际双循环相互促进的新发展格局下，助推河北省持续优化产业结构、推进绿色转型和提升制造业竞争力，加快建设经济强省和美丽河北。具体而言，本书阐释河北省"两业"融合的内在机理与实现机制，测度与评价河北省"两业"融合发展现状并与先进省份进行比较，有助于相关部门厘清并把握产业间的相互关系，为其科学制定促进"两业"融合的政策支持体系提供科学依据；从数理分析和机制分析两个层面，构建先进制造业和现代服务业融合发展推动制造业高质量发展的理论框架，可为河北省以"两业"融合发展推动制造业高质量发展提供理论支撑；构建河北省制造业高质量发展测度指标体系，有助于进一步完善制造业高质量发展的理论和测评框架；针对河北省的实际情况，借鉴国内外"两业"融合典型的实践经验，构建河北省促进"两业"深度融合、推动制造业高质量发展的对策体系，可为相关政府部门、行业和企业的科学决策提供有价值的参考。

# 目 录

# 第一章 绪 论

## 第一节 研究背景及意义

### 一、研究背景

制造业是立国之本、强国之基。习近平总书记指出，制造业是实体经济的基础，实体经济是我国发展的本钱，是构筑未来发展战略优势的重要支撑[①]。改革开放以来，中国制造业长期保持着高速的发展态势，奠定了中国作为"世界工厂"的重要地位。然而，制造业大而不强是我国当前进一步发展面临的主要问题。在新发展阶段下，要实现经济高质量发展，构建新发展格局与现代化经济体系，需要坚定不移地推动制造业高质量发展，着力打造自主可控、安全可靠的产业链供应链，持续巩固并增强制造业竞争优势。目前，先进制造业和现代服务业的融合发展已成为世界各国推进制造业深化发展、培育制造新优势的政策共识。在经济全球化和第四次工业革命的推动下，传统的三次产业占比等指标已不足以指导各国产业继续向前发展，制造业服务化和产业融合日益成为产业发展的潮流风向（郭朝先，2019），生产性服务业、制造业服务化、产品服务系统、服务型制造等相关概念如雨后春笋般出现。改革开放以来，我国一直把大力发展

---

① 习近平经济思想研究中心. 坚定不移推动制造业高质量发展［DB/OL］. 中华人民共和国国家发展和改革委员会，https://www.ndrc.gov.cn/xwdt/ztzl/NEW_srxxgcjjpjjsx/jjsxyjqk/sxlt/202301/t20230117_1363354.html.

生产性服务业、促进制造业与服务业融合作为我国产业结构调整的重要内容。特别是近年来，随着我国产业转型升级提速和经济高质量发展要求，我国进一步加快推进先进制造业与现代服务业融合（以下简称"两业"融合）发展，中央政府及相关部门相继出台了一系列相关政策文件（见表1-1），"两业"融合发展进程明显加快。2018年，中央经济工作会议首次明确提出要推动先进制造业和现代服务业的深度融合发展。2019年11月，国家发展和改革委员会（简称"国家发改委"）等15部门联合印发《关于推动先进制造业和现代服务业深度融合发展的实施意见》，提出通过先进制造业和现代服务业的相融相长、耦合共生带动制造业高质量发展。2020年以后，国家发改委陆续组织开展了两批国家级"两业"融合试点，120个试点区域立足区域特点和行业特色取得了丰硕的发展成果。

表1-1　近年来中国政府及相关部门发布的关于"两业"融合发展的文件

| 发布年份 | 文件名称 | 发布部门 |
|---|---|---|
| 2014 | 《国务院关于加快发展生产性服务业促进产业结构调整升级的指导意见》 | 国务院 |
| 2015 | 《中国制造2025》提出"发展生产性服务业和服务型制造" | 国务院 |
| 2016 | 《发展服务型制造专项行动指南》 | 工信部、国家发改委、中国工程院联合发布 |
| 2017 | 《服务业创新发展大纲（2017—2025年)》 | 国家发改委 |
| 2019 | 《关于推动先进制造业和现代服务业深度融合发展的实施意见》 | 国家发改委等15部门联合发布 |
| 2020 | 《"十四五"规划和2035年远景目标纲要》 | 国家发改委等15部门联合发布 |
| 2021 | 《关于加快推动制造服务业高质量发展的意见》 | 国家发改委等13部门发布 |

资料来源：笔者根据公开资料整理。

河北省是中国的制造业大省，其产业优势主要集中在钢铁等资本密集型行业，先进装备制造业和医药制造业等高技术密集型行业的规模普遍偏低，尤其是计算机、通信和其他电子设备制造业与电气机械制造业等先进装备制造业行业份额远低于全国平均水平（尹彦罡等，2023）。"十三五"期间，河北省深入贯彻落实习近平总书记"坚决去、主动调、加快转"等重要指示，深入实施"万企转型"和工业转型升级系列三年行动计划，创新能力稳步增强，结构调整持续深化，数字化转型步伐加快，绿色发展成效显著，质量效益稳步提升，为实现制造业爬坡过坎、向价值链中高端迈进打下了坚实基础，但在创新能力、产业结构、产业价值以及营收利润等方面与国内先进地区相比仍有较大差距，仍未改变"钢铁一家独大"、计算机与通信及其他电子设备制造业规模过小、新生产要素集聚能力不足、低端无效供给过剩与中高端有效供给不足等固有特征。为进一步推动河北省制造业转型升级，2020 年 3 月，河北省发改委印发《河北省推进现代服务业与先进制造业深度融合试点工作方案》，积极推动先进制造业与现代服务业深度融合以促进河北省制造业高质量发展。2022 年《河北省制造业高质量发展"十四五"规划》提出八项行动助力制造业高质量发展，融合发展即是其中关键一项。

可见，"两业"融合已成为推动制造业高质量发展的重要着力点。那么"两业"融合究竟将如何推动制造业高质量发展？其原理与传导路径是什么？对这个问题的深入研究，将有助于我们准确把握产业融合的方向与力度，为政府政策和企业战略的制定提供参考，丰富相关理论基础。准确把握河北省"两业"融合程度与制造业高质量发展水平，找出漏洞与短板，厘清形成原因与内在机制，对探寻河北省制造业高质量发展水平的提升路径亦具有重要意义。

基于此，本书立足河北省"两业"融合实际发展情况，聚焦河北省"两业"融合推动制造业高质量发展的机理、机制、策略和路径的研究层面，厘清河北省"两业"融合促进制造业高质量发展过程中存在的问题与堵点，在充分借鉴发达国家和国内先进地区"两业"融合成功经验的基础上，剖析如何通过强化创新、协同增效、以点带面、深化产业关联、链条延伸、技术渗透，挖掘"两业"融合推动河北省制造业高质量发展的新业态、新模式，以为河北省制造业竞争力的提升与河北省制造业的高质量发展目标的实现提供有价值的参考。

## 二、研究意义

（一）理论意义

1. 为"两业"融合发展提供理论支撑。运用迈克尔·波特的价值链理论以及生物群落视角等，从多个理论和多个视角深入剖析了"两业"融合的动因、融合模式、融合路径和融合载体，并从数理分析和机制分析两个层面构建河北省先进制造业和现代服务业融合发展推动制造业高质量发展的理论框架。

2. 深化"两业"关系的理论与实证研究。从先进制造业与现代服务业融合发展动机入手，探讨实现"两业"融合的机理、机制、策略和路径，并通过耦合协调模型、熵权法、线性加权法以及向量自回归模型（VAR）等测算甄别，为判定"两业"融合程度、融合机制以及融合效率提供科学合理的分析论证方法，对河北省先进制造业与现代服务业二者关系从理论到实证进行一次全面系统的剖析。

3. 丰富完善制造业高质量发展理论。通过构建河北省制造业高质量发展测度指标体系，丰富制造业高质量发展内涵与度量指标的选择，有助于进一步完善制造业高质量发展的理论和评测框架。

（二）实践意义

1. 为河北省制定促进"两业"融合政策支持体系提供科学依据。深入剖析和探讨河北省"两业"融合的内在机理、实现机制，有助于相关部门厘清并深刻把握产业间的相互关系，制定出更符合产业发展内在机理的"两业"融合支持政策。

2. 为河北省以"两业"融合推动制造业高质量发展提供科学决策参考。通过纵向的数据处理与横向的投入产出数据对比、分析，探讨河北省产业结构、"两业"融合程度与制造业高质量发展现状、问题与制约因素，系统地分析论证国内外典型地区和企业"两业"融合实践经验，并结合河北省实际情况与地区特色挖掘适宜策略和最优路径，构建河北省促进"两业"融合推动制造业高质量发展的对策体系，为相关政府部门、行业和企业科学决策提供有价值的参考。

3. 为今后类似研究提供翔实的分析框架、技术支持和思路参考。从"两业"融合机制机理分析与融合度测算、制造业高质量发展测评、策略借鉴甄选和制造业高质量发展路径选择等多层次展开论证分析,可为今后相关研究提供一套相对科学系统的研究框架、方法、资料支持与借鉴。

# 第二节 "两业"融合推动制造业高质量发展的研究现状

## 一、先进制造业和现代服务业的含义研究

先进制造业和现代服务业两个概念在国内已被广泛运用,近些年不断出现在政府的政策文件和地方政府的规划文本中,但目前国内对二者的概念和内涵存在不同的解释与界定。

关于先进制造业的解释,于波等(2011)认为,先进制造业是指适应社会发展需求和产业升级需要,在产业价值链的前端、中端、后端大规模采用和综合运用先进现代化技术实现高精化、网络化、智能化、集成化和集约化生产的一种产业类型,主要包括信息技术等催生的新兴产业和实现先进技术化的传统制造业两种产业层次类型。陈虹等(2019)将先进制造业定义为一系列技术密集型和资本密集型制造业行业,主要特征为利用现代化技术制造高技术化、高附加值产品,并将企业管理、发展模式与现代管理技术、科技手段相结合。洪群联(2021)认为,先进制造业和现代服务业是相对于传统制造业和传统服务业而言的,是一个动态的统称概念,是深度应用现代化技术、管理、模式的制造业和服务业。王欢芳等(2023)认为,先进制造业的内涵是以技术创新为核心延伸到组织管理模式创新、组织生产方式创新、制造模式创新的综合创新,通过价值链重组实现资源要素与分配方式的优化。

现代服务业的概念在国内使用广泛,最早出现于1997年党的十五大报告,此后,在不少地方的五年发展规划中,现代服务业都被置于重要位置。然而,目前现代服务业尚没有明确的分类标准。根据科技部发布的

《关于印发现代服务业科技发展十二五专项规划的通知》,① 现代服务业是以现代科学技术特别是信息网络技术为主要支撑,建立在新的商业模式、服务方式和管理方法基础上的服务产业。王毅等（2015）提出,现代服务业是以现代科学技术特别是信息网络技术为主要支撑,建立在新的商业模式、服务方式和管理方法基础上的服务业,既包括适应时代需求而发展起来的新兴服务业,也包括利用高新技术和管理方法对传统服务业的改造和升级,是现代经济发展的黏合剂,其本质是实现服务业现代化。王一鸣（2017）将现代服务业的发展特征概括为:服务外部化、产业融合化、价值高端化、要素知识化、组织网络化、企业平台化、分布集聚化、结构生态化和发展离岸化。夏杰长等（2019）认为,现代服务业是指在工业化比较发达的阶段产生的,依靠高新技术和现代管理方法、经营方式及组织形式发展起来的,主要为生产者提供中间投入的知识、技术、信息相对密集的服务业,以及一部分由传统服务业通过技术改造升级和经营模式更新而形成的现代服务业。根据《新产业新业态新商业模式统计分类（2018）》,现代服务业至少包括互联网与现代信息技术服务、现代技术服务与创新创业服务、现代生产性服务活动、新型生活性服务活动、现代综合管理活动五大行业大类中的绝大多数中类和小类行业。

　　总结来看,无论是先进制造业,还是现代服务业,其首要的核心特征都是技术引领下的创新发展。这种创新发展涵盖了新技术应用下的业态创新、产品创新、服务创新和经营管理创新等内容。值得注意的是,现代服务业的范围不只局限于知识密集型的生产性服务业,还需要从满足现代需求的角度考虑,将部分依靠新技术和新模式应用升级发展起来的现代生活性服务业纳入其中。而根据产业融合的发展思路,与之相关联的能够体现先进生产力发展方向的衍生制造也应该被纳入先进制造业的范围之中。因此,从提升我国产业综合发展质量和核心竞争力的角度考虑,新兴知识密集型产业的繁荣和传统产业转型升级都非常重要,"两业"融合正是推进新时代产业发展的核心抓手。

---

　　① 中国科学技术部官网 . https：//www. most. gov. cn/xxgk/xinxifenlei/fdzdgknr/fgzc/gfxwj/gfxwj 2012/201202/t20120222_92618. html.

## 二、先进制造业与现代服务业融合的相关研究

### (一)"两业"融合机制机理的相关研究

关于"两业"融合的机制机理研究主要从两种思路展开。

一是从制造业服务化的角度研究先进制造业与现代服务业的融合。原毅军等(2018)从技术创新视角讨论了现代服务业对先进制造业的影响;现代服务业集聚对技术创新具有促进作用,其中批发零售业、金融业的集聚促进作用最为显著;现代服务业通过技术创新推动了先进制造业的发展。唐晓华等(2018)研究认为,随着产业的快速扩张,先进制造业呈"增量转存量"发展趋势,这一态势有利于两产业耦合协调度的提高,而现代服务业则呈"存量转增量"发展趋势,其过于快速的"粗放式"发展趋势不利于两产业未来良性耦合协调发展。赵玉林等(2019)认为,技术创新能够促进先进制造业与现代服务业的融合发展和产业转型升级,先进制造业的技术、资金、人才等投入依赖现代服务业的技术研发、信息技术匹配以及个性化服务等来实现高效匹配,先进制造业在发展中与之相协调匹配,进而推动"两业"的融合发展。

二是从价值链的角度研究先进制造业与现代服务业融合。刘佳等(2014)在分析先进制造业与现代服务业融合的生成逻辑、协同演进的动态体系基础上,指出了中国先进制造业与现代服务业融合发展应依托全球研发与制造网络,通过价值链上游技术增强型、价值链下游服务增强型、产业链一体化发展模式,积极构建高质量、高水平、高附加值的制造网络,力争在全球高端竞争中占据主动地位,进而成功实现从"中国制造"向"中国创造"转变。孙正等(2021)认为,同世界先进制造业相比,我国制造业发展仍处于中低端水平,生产性服务业与制造业的协同融合是向全球价值链高端延伸的关键。洪群联(2023)指出,先进制造业与现代服务业相互融合发展是推动区域产业结构优化升级、培育区域产业新增长点的重要途径。王娜等(2023)通过研究得出,服务由于能够黏合更多的高级生产要素,能使价值链从企业内部向外部产业层面进行延伸,提高全要素生产率,从而提升企业竞争力,有利于制造业向价值链的高附加值环

节攀升。同时制造业服务化转型也发挥着同样的作用，而完善国内价值链、畅通国内市场高效流转有助于制造业服务化水平提升。

### （二）"两业"融合度测算的相关研究

关于先进制造业与现代服务业融合程度的测算。苏永伟（2020）基于2005～2018年的省级面板数据，构建产业融合度测度模型，考察了31个省份的生产性服务业与制造业的融合水平。研究表明，2006～2018年，我国31个省份的生产性服务业与制造业的融合水平均有不同程度的提高，但省份之间以及东北地区、东部、中部、西部地区四大区域之间差异较大。李向阳等（2020）通过构建信息化与工业企业科技创新融合水平测度模型，利用2014～2018年数据对我国各地区信息化与工业企业科技创新融合水平进行测度，并利用 Tobit 模型分析影响信息化与科技创新融合度的影响因素。孔宪香等（2022）基于制造业与生产性服务业协调发展的机制与内在逻辑，构建制造业—生产性服务业耦合协调度评价指标体系，运用熵值法、耦合协调度模型，对全国制造业与生产性服务业协调发展程度进行了计量分析。研究表明，全国耦合协调度后期与前期相比较为薄弱，这说明在制造业转型升级的过程中，还存在制约生产性服务业与制造业协同发展的因素。孙正等（2021）基于2015年版生产性服务业分类新标准，运用灰色 GM(1，N) 模型，得出2012～2019年我国生产性服务业各子行业与制造业协同融合程度呈现明显的异质性特征的结论，并且随时间的推移，高端生产性服务业对制造业发展的影响力日益扩大，形成比较强的协同融合发展趋势，我国制造业与生产性服务业之间的互动需求也开始从制造业主导转变为二者协同融合。王欢芳等（2023）基于耦合协调理论，依据2005～2020年我国30个省级行政区先进制造业与生产性服务业面板数据得出，我国生产性服务业发展略滞后于先进制造业，"两业"融合水平呈缓慢增长趋势，达到初级协调阶段；区域层面和省级层面"两业"融合水平发展不平衡，呈"东高西低"分布特征。

## 三、制造业高质量发展的测算评价研究

2023年12月28日中国工程院发布的《2023中国制造强国发展指数

报告》显示：2022 年中国制造强国发展指数达 124.64，在世界主要国家中居于较高水平；2020～2022 年，我国制造强国发展指数年均增幅超过 4 个百分点，我国制造业展现出较强韧性，制造强国建设稳中有进。随着研究的深入，国内研究者们所构建的不同视角的指标体系越来越丰富，主要分为制造业创新能力评价、制造业竞争力评价、先进制造业发展评价、制造业高质量发展评价四个方面。

关于制造业高质量发展的评价研究。唐红祥等（2019）从供给侧和需求侧的角度探索制造业发展质量与国际竞争力互动的结构和内容。具体来说，制造业发展质量系统包括经济发展质量、效率和动力三个子系统，制造业国际竞争力系统包括出口竞争、市场份额和产业内贸易三个子系统，依据这两个系统，评价和测度了制造业发展质量的综合发展水平，以及制造业国际竞争力的综合发展水平。潘为华等（2019）从质量效益、创新能力、信息技术和绿色发展四个方面，构建了制造业转型升级的综合评价指标体系以及综合指数，运用熵权法确定指标权重，依据 2007～2016 年中国 29 个省份的面板数据，对中国制造业转型升级的发展水平进行测度，并对制造业转型升级的变化趋势以及各省份异质性特征进行分析。黄顺春等（2021）对先进制造业的评价开始主要关注发展水平、获利水平等经济效益指标以及创新、绿色、可持续发展能力指标，而后加入对先进制造模式、管理模式、网络模式及社会效益的考察。在各评价体系中，经济、科技和环境指标出现次数最多，为基础性指标。后续研究增加了对产业结构、质量效益、社会效益、智能制造与管理的衡量。纪玉俊等（2019）依据"创新、协调、绿色、开放、共享"的新发展理念，构建了新时代中国制造业高质量发展评价指标体系，运用改进熵值法对中国制造业高质量发展水平进行了实证研究。陈俊（2020）构建了包括制造业创新能力、经济效益、结构优化、绿色低碳、国际竞争力、社会贡献 6 个二级指标在内的、共 22 个三级指标的深圳制造业高质量发展指标体系。罗序斌等（2020）从数字化、网络化、智能化和绿色化"四化"并进视角构建了中国制造业高质量转型升级的评价指标体系，以熵权法作为衡量方法，测度了中国制造业"四化"并进的程度和省际差异，并进一步从技术、市场和政府三个层面分析影响中国制造业"四化"并进的因素。

综上所述，从总体上对制造业发展质量进行评价，目前学术界多采用多指标法来构建制造业高质量发展指标体系，但没有统一标准，且多指标法虽然能够较全面地反映高质量发展水平，但存在缺乏深度、可操作性不强的问题。

## 四、"两业"融合对制造业高质量发展影响的相关研究

关于现代服务业与先进制造业融合发展对制造业高质量发展影响的相关研究，已有成果主要从两个层面展开：一是生产性服务业与制造业融合层面；二是服务业具体行业与制造业融合层面。

（一）生产性服务业与先进制造业融合对制造业发展质量影响的研究

里德尔（Dorothy I. Riddle，1986）认为，服务业是为一切经济交易创造便利并促进其他产业部门发展进步的产业。马库森（James R. Markusen，1989）认为，生产性服务业从制造业中逐渐分离，一方面，促进了自身产业的不断发展；另一方面，可以为制造业提供更为专业化的服务，降低制造业成本，从而提高制造业的生产效率。弗朗索瓦（Joseph F. Francois，1990）则基于服务业部门外部专业化的视角，认为生产性服务业在调控专业化生产过程中起到了重要作用，并在与制造业的互动过程中促进了制造业效率的提升。

与国外相比，中国在此方面的研究起步较晚，但成果丰富。汤长安等（2020）研究发现，生产性服务业与制造业协同集聚对地区技术创新水平具有显著正向的空间溢出效应。陈羽洁等（2020）通过分析中国创意产业集聚模式与创新效率的关系，得出专业化集聚、多元化集聚对知识开发创新效率的正向效应显著优于经济转化创新效率的结论，且多样化集聚效应强于专业化集聚效应，集聚效应自东部向中西部地区逐渐减弱。贺祥民（2020）在使用两阶段共享投入 DEA 测度绿色技术创新效率的基础上，以金融发展水平和贸易开放程度为门限变量，利用动态门限回归模型考察了高技术服务业与制造业融合对绿色技术开发效率和技术转化效率异质性的动态影响效应。研究发现，高技术服务业与制造业融合度对绿色技术开发效率和技术转化效率均存在非线性的影响。韩峰等（2020）利用动态空间杜宾模型探讨了生产性服务业集聚对制造业结构升级的影响机制。研究显

示，生产性服务业专业化集聚通过发挥规模经济效应和技术外溢效应，对本地和周边地区制造业结构升级均产生了显著促进作用，而多样化集聚仅通过规模经济效应促进了本地区制造业结构升级，且长期效应大于短期。于洋等（2021）认为，在产业演进的过程中，生产性服务业在制造业生产过程所扮演的角色越来越重要。生产性服务业与制造业的融合发展，大大弥补了制造业转型升级过程中的短板，从而开启了制造业发展的第二曲线。

### （二）现代服务业细分行业与先进制造业融合对制造业高质量发展影响的研究

现代服务业细分行业与先进制造业融合对制造业质量的影响研究成果主要集中在现代信息业、金融业和物流业。

关于现代信息业对先进制造业质量的影响研究，主要集中在信息技术促进制造业技术创新和产业结构升级方面。基于产业及区域层面，陶长琪等（2015）重点分析信息技术与制造业耦联效应对制造业产业结构升级的影响。李晓钟等（2017）通过构建基于 SCP 分析框架估算产业融合对产业绩效影响的模型，从横向和纵向两个层面比较分析浙江省信息产业与制造业各细分行业的融合程度及产业融合对制造业各行业绩效的影响效应。基于企业层面，郑瑛琨（2020）依据产业分工理论和产业融合趋势，阐述了数字化赋能对制造业高质量发展的深远影响。吕越等（2023）实证检验了参与电商平台对制造业企业创新的影响效应和内在机制。综合以往研究不难看出，信息技术应用推动了制造业创新能力和创新产出水平提高，并随之带来微观、中观及宏观层面上技术创新效率的提升。

关于金融业与制造业融合对制造业质量影响的研究，主要集中在三个方面。（1）金融发展与制造业创新视角。高志（2017）实证指出，通过缓解企业研发融资约束、完善金融风险分散功能两种渠道，我国金融结构调整推动制造业企业自主创新。张玉华等（2018）以深化我国供给侧结构性改革为出发点，认为科技金融主要通过研发经费投入和政府科技投入促进生产性服务业与制造业协同集聚发展。郭燕青等（2019）则更加深入地分析了科技金融对制造业创新的影响，具体表现为科技信贷对制造业创新效率提高影响较为显著。（2）金融发展与制造业结构优化视角。梁榜等（2018）指出，金融规模扩大和金融效率提升可带动制造业结构优化，同时金融发展在开放型经济的制造业结构优化中起着重要作用。任碧云等（2019）进一步验证了金融规模只有保持在适当区间范围，才会对制造业产业升级起到支持作用。涂强楠等（2021）发现数字普惠金融对不同层次的制造业影响效果不同，当前主要促进中低端制造业的发展，并对高端制造业的发展产生抑制作用。随着科技创新能力的提升，数字普惠金融对中端制造业产业结构升级的促进作用将下降，对高端制造业产业结构升级的促进作用将得到加强。（3）金融发展与制造业全球价值链视角。李宏等（2018）利用44个国家（地区）的数据进行分析，结果表明，金融发展对一国制造业全球价值链布局具有直接影响。耿伟等（2021）验证了数字金融显著促进了企业出口产品质量升级，在融入全球价值链过程中给予制造业更多正向效应。

关于物流业与制造业融合对制造业质量的影响研究，在制造业与物流业"两业"协调互动的关系界定方面，物流业与制造业的融合程度，决定着物流业和制造业整体发展水平和国民经济的综合竞争力。汪鸣（2019）认为，物流产业既是派生性需求又具有供应链服务引领产业转型升级的特性。季小立等（2018）指出，物流成本管理创新能改进制造业企业的生产效率、经济效益，进而增强制造业竞争力。王晓蕾等（2022）认为，总体来看，我国物流业与制造业融合发展是动态演进的过程，物流业与制造业的融合发展对制造业产生正向的产业升级效应。在制造业与物流业"两业"协调互动的量化分析方面，吴碧凡（2017）利用耦合模型对我国制造业与物流业的联动发展进行量化分析，发现"两业"联动发展水平的空间分布呈东中西梯度递减特征。褚衍昌等（2021）基于 DEA – GRA 双层模型研究，发现我国大部分地区制造业与物流业联动效率不高，而有些经济区存在"两业"联动效率下降的情况。

## 五、河北省"两业"融合与制造业高质量发展的相关研究

"两业"融合是河北省制造业转型升级的重要方向，是实现经济高质量发展的内在要求，也是在产业转型升级迫切的背景下，增强制造业核心竞争力、因地制宜推进现代化产业体系培育的重要途径。王静等（2012）认为，河北省的产业结构调整及制造业升级都离不开生产性服务业的发

展，而发展生产性服务业又必须在与制造业的互动中进行，二者互动发展既满足经济结构调整需要，也是经济健康持续发展的基础。靖鲲鹏等（2018）基于河北省统计年鉴数据，利用耦合协调度模型，构建起信息服务业和制造业耦合协调发展的评价指标体系，并采用熵值法确定各指标权重，计算出信息服务业与制造业在融合发展过程中的耦合协调度，指出河北省信息服务业和制造业没有充分利用彼此的优势来扩大互动融合发展水平。魏嘉淇（2019）基于河北省产业结构与布局的现实条件，建议通过产业渗透、产业交叉和产业重组等方式，将河北省优势产业、新兴产业与传统产业、上下游产业深度融合，发现区域经济增长新动能。米利群（2020）分析得出，河北省现代服务业与先进制造业整体互动程度较低，除信息传输、软件和信息技术服务业、租赁和商务服务业、科学研究和技术服务业、居民服务修理外，其他现代服务业部门与先进制造业部门互动性较弱。两大产业融合度较低且处于初步融合阶段，融合速度较慢，现代服务业多被动融入先进制造业产业部门，缺乏主动性。

制造业高质量发展不仅关乎河北省自身的可持续长远发展，更是促进京津冀协同发展的关键一环。河北省政府高度关注、科学规划、狠抓落实，从 11 个方面布局河北省产业发展重点。田海程等（2017）分析了金融支持在河北农业高新技术产业园区发展中存在的问题，认为国家应当大力推进农村金融创新，构建多层次的农村金融服务体系，以满足"三农"发展的多元化的信贷需求，促进农业高新技术产业的快速发展。杨英法等（2018）从理论层面探究了推进河北省先进制造业发展的有效路径，针对当前河北省区域文化及技术资源整合乏力、与制造业协同发展意识薄弱、存在高端人才瓶颈等问题，进行了研究论述，提出要在文化要素、智能要素与制造业的融合中使制造业走向高端先进、富有文化内涵之路。高艳等（2019）选取 2009～2016 年数据，测算了河北省制造业的集聚水平和国际竞争力，通过面板模型定量刻画了河北省制造业集聚水平与制造业国际竞争力的关系。从整体来看，河北省制造业呈现了集聚化发展的态势，制造业国际竞争力较强并有明显提高。但河北省制造业集聚水平对国际竞争力的影响存在行业异质性，如医药制造业、化学纤维制造业集聚水平与国际竞争力之间存在显著的正相关性，纺织业集聚水平与国际竞争力存在显著的负相关性。

## 六、"两业"融合发展推动制造业高质量发展的经验借鉴研究

美国、日本、英国和德国等发达国家制造业和服务业融合起步较早、水平较高，为我国开展研究提供了相关经验教训。推动"两业"融合以促进制造业高质量发展，大都遵循着"企业主动化、组织体系化、规则制度化、要素市场化"的原则。基于此，国内学者总结出一些经验来为我国"两业"融合发展推动制造业高质量发展提供借鉴。一是支持发展产业融合型组织，打造"两业"融合载体，增强"两业"发展活力。发展先进制造业与生产性服务业集群，依托产业集群与工业园区为"两业"融合发展奠定坚实基础（王欢芳，2023）。二是充分发挥数字经济跨界渗透效应，加大数字化投入，夯实数字基础设施建设，拓展信息技术研发平台，不断加快数字产业化和产业数字化的进程。推进制造业数字化转型，尤其应聚焦于高污染高能耗行业，最大限度地发挥数字化投入的作用（肖远飞，2023；赵玉林，2019）。三是及时完善"两业"融合新业态监管制度，补上监管短板，加强消费者保护，通过出台"两业"融合负面清单、建立包容审慎监管规则、加强数字时代公共基础设施建设等措施，引导新业态健康发展（夏杰长，2022）。四是培育良好的"两业"融合发展环境。加强要素供给与市场开拓，因地制宜，结合地区产业发展现状，与周边共享产业发展专业技术、人才等资源。政府强化保障措施，制定有针对性的激励措施，如财税补贴、研发投入、科技资源共享等，激励企业和高校科研机构从事创新研发、成果转化（张幸，2022；魏向杰，2020）。

## 七、文献评述

总体来看，以往研究主要聚焦于从制造业服务化或价值链角度探究"两业"融合的机制机理，强调"两业"协同集聚对技术创新、结构升级的积极作用，以及信息技术、金融、物流等现代服务业细分行业与先进制造业融合对制造业高质量发展的影响，同时在河北省制造业的发展进程中，剖析现代服务业的新理念、新方式，为"两业"融合的可行性提供了坚实的实践基础和理论支撑。既有研究为本书提供了坚实基础，但是由于

"两业"融合发展时间较短，涉及地区有限，对如何通过"两业"融合推动河北省制造业高质量发展的研究成果较少。

从已有的文献来看，对"两业"具体行业的范围界定尚未统一，针对河北省"两业"融合与制造业高质量发展的研究尽管有所涉及，但研究成果较少，从"两业"融合的角度探讨河北省制造业高质量发展尚未形成成熟、系统的理论体系和政策框架。鉴于此，本书将深化"两业"融合在特定地域（河北省）背景下对制造业高质量发展的影响机制、路径选择及其政策支撑体系的探索，以期为河北省乃至全国制造业的转型升级提供更精准、更具针对性的理论指导和对策建议。

## 第三节 研究内容

本书以河北省为研究对象，重点分析河北省"两业"融合对制造业高质量发展的影响，旨在设计出以"两业"融合为抓手推动制造业高质量发展的实现路径。全书共包括九部分主要内容。

第一章为绪论，阐述本书的研究背景与研究意义，综述"两业"融合推动制造业高质量发展的研究现状，通过对既有文献的梳理，引出本书的研究内容。

第二章为先进制造业和现代服务业融合发展的机理分析。本章重点探析"两业"融合动因、融合载体、融合路径以及"两业"深度融合模式，并以之作为本书的理论支撑。

第三章为河北省先进制造业和现代服务业发展现状分析。本章从增加值和固定资产投资角度，分析了河北省制造业与现代服务业的发展现状，总结出河北省"两业"发展成效，并从中发现河北省"两业"发展的问题所在。

第四章为河北省现代服务业与先进制造业协同发展现状分析。本章利用投入产出表计算得出 2002～2017 年河北省、北京市、天津市、江苏省、浙江省以及广东省的先进制造业中现代服务业投入程度和现代服务业中先进制造业投入程度，分析河北省先进制造业与现代服务业协同发展情况，并与相关省份进行比较分析。

第五章为河北省"两业"融合发展水平与制造业高质量发展水平测评。本章在阐述"两业"融合发展水平与制造业高质量发展水平测算方法的基础上，分别选取最优的测算方法，构建河北省"两业"融合发展水平评价指标体系与河北省制造业高质量发展水平评价指标体系，测度河北省"两业"融合发展水平与河北省制造业高质量发展水平，最后对河北省"两业"融合发展与制造业高质量发展的相关性进行探讨。

第六章为"两业"融合推动河北省制造业高质量发展的作用机制。本章利用数学模型推导"两业"融合推动制造业高质量发展的三个方面，即"两业"融合提高制造业生产效率、"两业"融合提升制造业经济绩效以及"两业"融合优化制造业产业结构；在此基础上，从降低成本、推动技术创新和溢出效应三个方面详细阐述了"两业"融合推动制造业高质量发展的作用机制。

第七章为"两业"融合影响河北省制造业高质量发展的实证检验。本章选取适当的变量与数据建立 VAR 模型，通过脉冲响应分析与方差分解分析河北省"两业"融合与制造业高质量发展相互作用关系，并利用最小二乘估计对"两业"融合发展水平提高影响河北省制造业高质量发展水平提升的程度进行估计。

第八章为典型国家和地区"两业"融合推动制造业高质量发展的实践与经验。本章从政策、措施与成效三个角度分析典型国家和国内典型省份以及国内外典型企业"两业"融合发展情况，并总结这些实践对河北省"两业"融合发展的启示。

第九章为河北省"两业"融合推动制造业高质量发展的对策。通过本书以上章节的分析，总结河北省"两业"融合与制造业高质量发展存在的问题，从问题出发，提出河北省强化"两业"深度融合以及推动制造业高质量发展的路径和对策建议。

# 第二章　先进制造业和现代服务业
# 融合发展的机理分析

## 第一节　相关概念界定

### 一、先进制造业

1992 年美国政府首次提出"先进制造业"一词，认为拥有先进制造技术的行业即为先进制造业。相对于传统制造业而言，先进制造业是指制造业不断吸纳高新技术成果，并将其综合应用于产品制造（研发、采购管理、零部件生产和组装）和销售（市场推广、营销、售后服务），从而实现生产过程的系统化、生态化、信息化的制造业总称（胡晶，2015），既包括新兴技术产业化后发展而成的先导性产业，又包括传统制造业通过吸纳现代新技术升级而成的先进制造业（凌永辉、张月友和沈凯玲，2017），其先进性主要体现在产业、技术、管理三个层面，具有"一高两低（高附加值、低消耗、低污染）"的特点（商黎，2014；曹东坡、于诚和徐保昌，2014）。随着时间推移，我国先进制造业不断发展，但学术界对先进制造业的细分行业尚未给出明确界定。本书参照国家统计局颁布的《新产业新业态新商业模式统计分类（2018）》中关于先进制造业的分类标准，对先进制造业分类做具体界定（见表 2 - 1）。具体先进制造业主要包括代码为 0201（新一代信息技术设备制造）至 0214（节能环保设备和产品制造）14 个行业中类；再结合《国民经济行业分类》（GB/T 4754—2017）

进行具体分类，将医药制造业（C27），非金属矿物制品业（C30），有色金属冶炼和压延加工业（C32），通用设备制造业（C34），专用设备制造业（C35），汽车制造业（C36），铁路、船舶、航空航天和其他运输设备制造业（C37），电气机械和器材制造业（C38），计算机、通信和其他电子设备制造业（C39），仪器仪表制造业（C40）共10个行业设定为先进制造业。此外，根据各统计年鉴数据分类的变化，2012～2022年"汽车制造业"（C36）与"铁路、船舶、航空航天和其他运输设备制造业"（C37）合并为"交通运输设备制造业"。

表 2 − 1  先进制造业与现代服务业的分类

| 先进制造业分类 | 现代服务业分类 |
| --- | --- |
| 医药制造业 | 批发和零售 |
| 非金属矿物制品业 | 交通运输、仓储和邮政业 |
| 有色金属冶炼和压延加工业 | 信息传输、软件和信息技术服务业 |
| 通用、专用设备制造业 | 金融业 |
| 交通运输设备制造业 | 房地产业 |
| 电气机械和器材制造业 | 租赁和商务服务业 |
| 计算机、通信和其他电子设备制造业 | 科学研究和技术服务业 |
| 仪器仪表制造业 | 水利、环境和公共设施管理业 |
| — | 居民服务、修理和其他服务业 |
| — | 教育业 |
| — | 卫生和社会工作业 |
| — | 文化、体育和娱乐业 |
| — | 公共管理、社会保障和社会组织业 |

资料来源：根据《新产业新业态新商业模式统计分类（2018）》《国民经济行业分类》等相关资料整理。

## 二、现代服务业

现代服务业指以现代技术、组织方式和管理方法为主要支撑，知识和技能相对密集、规模经济显著、劳动生产率提速快的服务产业，其核心内容主要是指服务业中最具活力的、为生产服务的生产性服务业（徐国祥，2014；闫星宇和张月友，2010；陈景华和徐金，2021）。2023 年 7 月国家统计局发布的《现代服务业统计分类》指出，现代服务业是指伴随信息技术和知识经济的发展而产生，利用现代科学技术和现代管理理念，推动生产性服务业向专业化和价值链高端延伸、推动生活性服务业向高品质和多样化升级、加强公益性基础性服务业发展所形成的具有高技术含量、高人力资本含量、高附加价值等特征的经济活动。生产性服务业是制造业与服务业相融相长、耦合共生的最佳结合点。结合产业融合的研究视角，参考学术界普遍采用的处理方式，本书将生产性服务业中的产业作为现代服务业的研究对象，以国家统计局颁布的生产性服务业统计分类（2019）为标准，对现代服务业分类做具体界定（见表 2 - 1）。

## 三、"两业"融合内涵及表现形式

"两业"融合是现代服务业与先进制造业融合的简称，是指进制造业与生产性服务业之间通过技术渗透、产业联动、价值链延伸、内部交叉重组等途径来实现相互融合，突破产业间边界、相互交叉、相互渗透，出现兼具先进制造业和现代服务业特征的新型业态、新模式的动态演进过程。"两业"融合在微观层面的产业融合表现为技术融合、产品融合和组织融合。技术融合是指尚未发展成熟的先进制造企业通过吸收现代服务企业信息技术、运营管理技术等实现低增值产业链的模块化增值整合，或者是中低技术的现代服务企业导入先进工业技术与管理知识，与自有的开发设计、技术转移、战略咨询整合，实现服务与业态的双重升级。产品融合是将原本彼此独立存在的服务品和制造品两种产品进行功能的相互渗透，使之整合为一体，通过研发设计、品牌管理、包装销售等延伸产品功能，增强产品的竞争力。组织融合是指先进制造企业为实现行业突破，将生产性服务业中的企业战略、组织结构、盈利方式等嵌入自身原有的生产模式中，形成新的商业模式、运营模式、资本模式，或者将先进制造企业的现代化生产方式、标准化生产模式嵌入现代服务企业中，提高生产效率。

"两业"融合为先进制造业和现代服务业相互渗透。在外部动力诱导和内部动力联合驱动下，“两业”融合步伐进一步加快。从外部动力来看，随着生产力的提高，消费者对基本产品的需求得到满足后，开始转向对智慧化、智能化、绿色化的产品需求。企业为满足消费者需求，加强产业之间的合作，加大网络数字营销，缩短与消费者之间的时间成本，通过产品融合与创新寻找新的生存土壤，技术与产品边界逐渐模糊。从内部动力来看，企业为满足生存需要，获得可持续性发展，主动跨界重构产业链、价值链，以提高产品附加值，进而增强企业竞争力。“两业”融合主要以融合要素相互渗透为基础，生产性服务业作为先进制造业中间投入要素的比重不断提高，即生产性服务业在整个产业链、价值链中创造的产出和价值不断提高。此外，技术创新作为“两业”融合的内生动力，倒逼产业转型升级，从而加快“两业”融合。

综上所述，本书将“两业”融合界定为在内外动力基础上，为满足消费者需求与企业生存需要，从而加快产业延链、补链、强链，推动产业链向两端延伸、价值链向高端攀升的经济活动。

## 第二节　先进制造业和现代服务业深度融合的动机

亚当·斯密（Adom Smith）创立古典经济学体系后，马克思劳动价值论和新古典主义的边际效用价值论，都认为分工协作能提高生产效率，进而促进国民财富的增加。不仅在一个企业、一个国家的范围内如此，从国际范围来看，每一个国家都生产各自具有比较优势的产品，通过分工和商品交换来达到福利的最大化。因此，分工也是国际贸易理论的根基。不过，我们也可以看到，产品生产的垂直分解并非无限趋向于精细化与专业化，各个产业边界（如技术边界、业务边界、运作边界以及市场边界）正逐渐变得不明晰，产业间正在趋向于融合。不仅如此，随着信息技术的飞速发展，进入 21 世纪后，各种产业之间的产业融合越发明显，其中一个典型的案例就是以智能汽车制造为代表的先进制造业与以互联网大数据服务为代表的现代服务业之间的相互融合。接下来，本节从交易成本理论、生态群落理论、共生理论三个方面探讨“两业”融合的动机。

## 一、交易成本视角下的产业融合动因

产业融合的动机可以从科斯对企业性质的论述中得到启发，科斯认为，企业是一种与市场相对应的配置资源的方式，由此引入企业的边界以及交易成本等观点。那么将其引申到产业融合中来，可以将产业融合理解为产业或企业边界的扩张，产业融合就是通过产业内配置资源的方式来取代市场或者产业间配置资源的方式。更具体地说，如果将生产同一类产品的企业集群（也就是中观角度产业的概念）看作一个生产该种类产品的巨型企业，那么从分工与融合关系的角度来看，产业融合的实质就是原先由多个巨型企业协作分工进行的生产经营活动转移到单个巨型企业内部自行发生（即产业间分工的内部化）。这在产业层面上消除了原先两个独立产业间的社会分工活动，换句话说，在产业这一层面上看，产业融合与产业分工是对立的，产业融合消灭了产业分工。但是，从融合产生的新型产业内部来看，融合意味着新产品、新功能、新技术、新组织等创新的产生，这往往更需要新型产业内部各个企业甚至于一个企业内部不同部门之间进行协调分工。因此，产业分工与产业融合并非在任何时候都是一个对立的概念。胡永佳（2008）认为，只要是有分工的地方，都可能会有融合发生。但是，分工和融合只有在同一层级或同一范围时，他们之间的这种对立关系才是成立的。而且，不能仅仅依据产业融合后产业数量的减少来断定分工程度在任何层面上都是减退的，相反，从产业融合与分工从不同层面来看，产业融合代表的是一种新型的分工模式，即新的分工混业形式。当然，这一边界的扩张与收缩主要取决于边界内部的管理协调成本与在产业间（市场）达成交易所需的交易成本之间的相对大小：当产业内部管理协调成本大于产业间达成交易所需要的交易成本的时候，产业将会趋向于通过产业间分工来达到自身利润最大化，而当产业内部管理协调成本小于产业间达成交易所需要的交易成本的时候，多个产业间将会趋向于整合为一个新兴产业，走向融合。因此，从交易成本的角度来看，先进制造业与现代服务业融合的动因是：以产业内分工替代产业间分工，节省了产业间分工的交易成本，有利于实现总体利润最大化。

## 二、生态群落视角下的产业融合动因

自然界中，很多生物具有群居的习性，不同种群集中于特定区域内形成的一种结构单元称为生物群落。在一个群落内，生物不断地与外部发生着物质、能量和信息交换，进行新陈代谢，完成一个生物的出生、成长、成熟、衰老和死亡的过程。而不同的种群之间或者相互合作达成共同的目标，相生相依，或者相互角力，弱肉强食，争夺群落的主导地位。群落内竞争与合作共存。生态系统相对于群落来说是一个更为宽广的概念，除了包含生产者、消费者以及分解者等生物之外，还包括这些生物赖以生存的一些非生物的物质和能量，也即外部无机环境。英国生态学家斯坦利（Tansley A. G.）于1935年首先提出了生态环境的明确定义，他将生态系统划分为有机体以及外界环境两个组成成分，认为生态系统是诸多物理系统中的一个重要分支。将这一概念引申到经济现象中，不难发现，现实生活中的产业或企业集群在经济社会中同样有着与生态系统相似的组织结构和能量循环体系，这也就是弗罗什（Frosch R. A.）和加洛普洛斯（Gallo-poulos N. E.）于1989年首次提出的类比自然生态系统的产业生态系统概念。

产业系统中的各个主体如企业、中介服务机构、研发机构、用户等构成了产业生态系统的"有机生物"，而诸如政治环境、已经形成的基建体系、制度硬约束和软约束等外部辅助因素则构成了产业生态体系的"外部无机环境"。李晓华等（2013）进一步将一个产业生态系统中"有机体"部分细分为三个功能各异的子系统：包含物质服务生产链条上所需的企业机构的生产生态系统；包含为生产生态系统提供科学技术支撑的企业或机构的创新生态系统；包含物质服务生产环节完成之后决定产品价值以及企业未来发展市场要素的应用生态系统。这些子系统相辅相成，相互进行物质、能量和信息的交换，共同组成产品生产的完整流程。不仅如此，单个生态子系统内各个要素之间同样存在社会分工合作与竞争，子系统一方面需要接收、传递其他子系统或者外部"无机环境"的资金、技术、信息等要素以满足自身的生产生存需求，另一方面在子系统内部也需要将接收到的这些"能量"沿着"食物链"（价值链）在各个体间进行转换与传递，构成单个子系统自身的代谢循环。从产业生态系统的角度来看，产业演化同样遵循达尔文"物竞天择，适者生存"的自然法则，[①] 并且在演化的过程中，对原有传统产业的扬弃以及不断接收吸取其他产业成分，使新诞生的"变异"产业更加适应外界环境变化。接下来，将通过产业生态系统的角度来探究这些融合产业的融合动机。

出于生存的本能，自然界中的生物需要根据可获得的资源，适应、利用、改变和创造出有利于自身生存和发展的环境条件，占据一部分有限的生存资源和适宜空间，这也可以反映出生物在群落中的具体位置，由此引出了"生态位"这一生物学概念。[②]

一方面，"生态位"描述了生物在所属环境中利用各种资源的总和（可将其称为生态位的宽度）。自然生物框架下的生态位概念认为，在系统内资源有限的情况下，一个种群利用和占据资源与空间的种类越多，种群的特化程度越小，对所使用资源拥有较高的兼容性更有利于种间竞争。但是，在产业集群的框架下，由于不同产业间的社会分工会产生报酬递增现象，一个产业通常会集聚几种资源进行专业化利用，表现为一个较窄的生态位宽度。但是产业资源利用专一化也正是产业不断演化的成果，非但不会削弱其竞争力，反而是专业领域内竞争力强的表现，也就是说，一个拥有较窄的生态位的产业所获得的对几个特殊资源的高效利用能力往往是通过牺牲大范围资源利用的能力来达成的。[③] 当技术或者其他生产要素的供给规模和供给质量快速提升的时候，生态系统中的资源供给充足，此时产业更加倾向于"特化"来充分发掘对几个资源的利用效率；当技术或者其他生产要素的供给和质量出现下滑的时候，能够利用多种资源的产业将会在资源竞争中处于优势地位。不过，从产业生态系统的角度来看，生态位宽度更多地用于描述单一产业与环境的关系，无法做到不同产业间的横向

---

① Hannan, Michael T, John Freeman. Structural inertia and organizational change [J]. American Sociological Review, 1984 (49): 16.

② 约翰逊（Johnson, 1910）首次提出"生态位"这一术语，随后格里内尔（Grinell, 1917, 1924, 1928）引用这一术语并首次给出明确的定义：生态位就是恰好被一个种或者亚种所占据的最后分布单位。查尔斯·埃尔特（Charles Elton, 1927）则从生物在群落营养关系中的角色入手，认为生态位揭示了一种生物在生物环境中的地位以及与其食物和天敌的关系。

③ 张丽萍. 从生态位到技术生态位 [J]. 科学学与科学技术管理, 2002 (3): 23-25.

对比。①

　　另一方面，生态位也体现出生物与生物之间在资源利用上的相互关系。当两个物种共同使用某一种资源的时候，就称为发生了生态位重叠。在静态下，由于资源的稀缺性，不同产业对同一部分资源的共同占有意味着为了保持产业的持续发展，产业间需要进行激烈的相互竞争，因此两个不同的产业间生态位重合程度意味着产业间的竞争激烈程度。假设存在两个不同的产业种群，两者之间存在着泾渭分明的产业边界，双方的技术、产品、产业内企业、制度、市场等要素也存在很大的差别，当技术革新以及政策管制放松出现的时候，具有共同技术基础的产业开始有目的地走向融合（David B Y，1996）。从生态位的角度来看，发生产业融合前，两个产业在生态系统中位于不同的位置，其接受的环境资源、市场份额以及对其的利用率也有所不同，两者生态位之间的重合程度较小，竞争程度也较小。

　　随着科学技术的不断发展，以信息技术为代表的先进生产要素大量应用于传统行业中，提高了传统行业生产效率的同时也赋予国民经济新的增长点，助力经济进一步高质量发展，其中较为典型的例子便是工业物联网系统的应用提高了供应链的效率，降低库存积压风险。具体来看，信息技术代替传统生产要素应用在各个产业中，其规模和比例逐渐增高，反映为产业"生态位"宽度的变化和移动，这是产业适应外部技术进步的结果，也是产业升级的具体表现。需要说明的是，促使集群发生生态位移动的资源往往具有"通用性"特征，能够适应不同产业的要求，在不同的产业间得到高效的利用。当某一产业出于对外部环境变化的适应进行产业升级的时候，产业内部各要素之间的投入比例往往在此时发生非线性变动，产业生态位发生移动，生态位宽度发生变化，有可能使两个产业之间共同占有的资源规模种类增加或者市场重合部分扩大，这就导致了产业间资源利用竞争加剧。在开放的系统条件下，不同产业间企业的竞争方式，与以往在同一产业封闭的系统内部所进行的企业间"线性竞争"模式不同，产业间竞争会导致企业通过并购、新设等方式进入其他产业的"非线性竞争"模式。两个原先分属于不同产业范围的企业集群成为直接的竞争者

　　① 武晓辉，韩之俊，杨世春. 区域产业集群生态位理论和模型的实证研究［J］. 科学学研究，2006（6）：872-877.

后，并非只存在竞争关系，产业融合的动力在于产业间的竞争以及协同，而产业间非线性竞争同时也会导致非线性协同的出现，竞争的结果就是产业内的技术、标准、模块、产品、市场等要素进入另一个产业中，促进产业间融合创新。

这里需要强调的一点是，生物生态位完全重合对于生物来说意味着种群间最激烈的竞争，其结果往往是剩下一个最具竞争优势的种群，或者各个种群发展出利用其他资源的能力，促使生态位产生分化，降低竞争强度。① 这在产业演化过程中比较普遍，例如由于生产工艺、技术革新导致的产业升级。不过，产业间的生态位重合不一定会导致某一产业的彻底灭失或者生态位分化，而有可能产生融合了两个产业特征的新产业。这是因为，一方面生态位的重合带来了激烈的竞争，新入局的其他产业企业充分调动两个产业的先进生产要素加以吸收内化，与原产业内企业不仅在产品市场层面上展开竞争，在要素需求层面上也展开竞争，对其产生了巨大的竞争压力。另一方面生态位重合也可能带来了产业间更密切的要素交流，通过建立跨产业的技术、知识同盟等方式形成产业间互惠互利的产业关系，为该产业带来了新的发展方向。因此，两个在市场、技术、业务等方面相关联产业的生态位完全重合，虽然会导致竞争强度的提高以及产业数量的减少，但是留存下来的产业仍具有两个产业的基本特征，更好地整合两产业要素的企业将会具有更强的核心竞争力。这是两个产业优势互补、产业完全融合的结果，也即由原产业间竞合向新产业内竞合的转变过程。在一般情况下，由于利用资源和市场的范围以及利用效率不会完全相同，一般会存在一部分无竞争的生态位空间，因而在一定条件下可以实现共存。② 存在一部分生态位重叠的情况下，产业间的演化是扩大生态位的重合程度，进一步加剧产业间竞合，还是"特化"产业，发掘产业新的核心竞争力，这主要取决于产业间企业竞合的效益。

---

① 根据竞争排斥原理：如果两个种在同一个稳定的生物群落中占据了完全相同的生态位，那么一个种最终会被消灭。

② 卞曰瑭，何建敏（2011）利用 Lotka – Volterra 模型对生产性服务业以及先进制造业的竞争共存条件进行研究，他们认为，当生产性服务业与先进制造业产业间竞争强度小于产业内竞争强度的时候，生产性服务业和先进制造业间能够达到稳定的状态。

### 三、共生视角下的产业融合动因

在现实经济运行中，企业往往依据自身内部情况与外部环境对企业业务规模做出调整，有利的内部情况与外部环境将会引导企业扩张其业务范围，或者是通过自身优势（如价值链位置优势、资本技术优势等）完成对其他企业的兼并，吸收其他企业的优质资产业务；或者是为争夺市场控制权与其他企业展开竞争，挤压其他企业的生存空间；或者是与其他企业在竞争中合作，共同推进产业发展，互利共赢，共享行业发展带来的回报。如果将企业比作一个个独立的生物个体，将其他外部因素（如政策、市场等）视作企业这些"生物个体"赖以生存的生态环境，将供应商与客户视作消费者，那么由企业、政府、银行等构成的社会经济系统也可以被看作"企业生态系统"（James F M，1993）。在这个系统中，企业的兼并、竞争、合作等行为可以对应解释为生态系统中的生物行为，如捕食、竞争、共生等，因此，可以从共生的角度来观察产业融合。

如果由中观视角缩小到微观视角，那么产业融合可以理解为两个相异但是在技术、产品、市场、制度等方面具有融合可能性的企业集群，由于某些内外部条件的满足而出现在边界处互相渗透的情形，最终融合形成一个新兴的企业集群。马尔霍特（2001）曾指出，当两个以往没有联系的产业成为竞争对手的时候，两个产业之间就开始出现产业融合。因此，从组织的角度来看，新企业集群内部原先相异的两个企业集群，其产品或服务在功能上出现替代性或互补性，就强化了新产业内部的竞争，有助于各个企业积极开展创新活动，寻求增加利润。而当企业数量由于横向一体化、纵向一体化或者经营不善等原因而减少时，新行业内部企业的利润减少，两个产业之间呈现出一种相互依存的状态。这与生物学家德贝里在生物圈中发现的"共生"现象十分相似。当然，"共生"现象中也存在许多不同的种类，袁纯清（1998）曾尝试通过共生行为方式划分"共生"现象的类别，并以此分析小型经济①的共生状态，他将共生行为状态分为寄生、偏利共生、非对称互惠共生以及对称互惠共生，认为我国的小型经济就共

---

① 此处的小型经济指的是"在一定区域和产业中所有规模较小的企业的统称"。

生行为状态而言属于非对称互惠共生。例如，我国生产性服务业与先进制造业的产业融合中，对于新融合产生的产业（"共生体"），生产性服务业为先进制造业提供必要服务，其核心业务穿插于先进制造业的生产流程中，而先进制造业自身创造的价值中也包含着生产性服务业的价值创造，当先进制造业企业数量萎缩的时候，现代服务业的利润也随之下降，两者呈现"你中有我，我中有你"、相伴相生的"共生"特点。

依照前文所述，在探讨产业融合的时候，可以将其中产生新的价值创造或产生新效益的部分视作"共生"行为。接下来，本书将通过共生生态系统视角，探讨推动产业融合产生的激励因素。在自然界中，生物"共生"现象往往会增强至少一方"共生单元"的生存和繁殖能力，那么类比过来，在基于融合的产业共生中，融合共生也会提高共生产业的"生存"与"繁殖"能力，也就是提高产业的生产效率以及生产规模。"共生单元"是否融合形成"共生体"需要考虑生产成本、交易成本、收益以及市场结构等因素，如果结合形成"共生体"后由于共生单元之间的差异带来不可调和的冲突，那么共生单元之间交换并重新配置资源的效率是低下的，则该产业间并不会选择融合形成"共生体"。因此决定共生单元能否形成共生体的条件主要取决于四个方面。首先是共生单元本身的性质。具体来说，共生单元之间的共生关系成立，代表其本身性质的质参量需要有一定的联系。质参量①是决定共生单元性质和变化的变量，如果两个共生单元的质参量（如技术、产品、市场、人才等特征）存在明显的差异，这两个共生单元之间几乎无法有效利用彼此传输的物质能量，那么共生单元之间就没有共生动力。其次，共生单元之间能够形成共生界面，且在这个共生界面上能够顺利交换物质能量。共生界面是连接共生单元的方式和机制的总和。如果两个共生单元存在至少一组相似的质参量，但是没有打通共生单元之间物质能量传导渠道，或者在共生界面物质能量传导的阻力过大，那么这两个共生单元也不可能形成共生关系。这是因为使用共生界面作为物质能量传输的渠道是有成本的，反映为传输过程中物质能量的损耗，如果这种损耗过大，那么融合形成共生体将会得不偿失。再次，共生单元间通过共生界面进行物质能量交换时候能够产生新的共生能量，这种

---

① 对于质参量来说，一系列质参量与质参量相对应的是象参量，象参量代表的是产业的外部环境变化。

共生能量有助于提高整个共生体对外部环境变化的抗性，进而产生共生动力。① 当共生单元融合形成共生体后，共生单元之间开始进行物质能量交换，共生体将会朝着整体利益最大化的方向做出决策。显然，这种决策并不是某一上级组织施加的强制性命令，而是由共生体（即融合后产业内部的企业）相互作用产生的后果，具有一定的自组织性质。② 虽然他们之间的职责功能有所不同，但是，共生单元之间通过有效的分工强化了共生体内部的比较优势。相比起原先独立的两个共生单元之间的简单互动模式，融合形成共生体可以生产出额外的共生能量，促进共生单元的功能升级与规模扩张。最后，共生单元对信息的掌握程度将影响共生演化的时间以及共生过程中各共生单元所承担的角色。如果共生单元之间的信息获取能力存在差异，那么信息获取能力较强的共生单元将首先完成共生识别过程，并成为共生过程的领导者和组织者。

## 第三节　先进制造业和现代服务业深度融合的载体

### 一、产业是一套特定的资产组合

理论上通常将生产同一类型产品或者服务，且这些产品与服务之间存在密切的替代关系的企业集合体称为产业。这一概念中的"同一类型"更多地是从需求者对产品的使用层面进行划分的，如世界上大部分国家所采取的三次产业分类法。与之相反，同样是将具有同种特质的企业归类为集合体，如果从生产者进行生产活动的角度来划分，企业生产过程实际上就是在特定的市场要素条件下，企业投入生产要素获得对应的产品的过程，不同产业由不同的内部生产要素和外部市场要素组合，因此可以将产业定义为一套特定的资产体系，③ 这里的资产体系不仅包括传统意义上的资本、

---

① Moor J F. Predators and Prey: A new ecology of competition [J]. Harvard Business Review, 1993 (5): 22 –31.

② 王珍珍，鲍星华. 产业共生理论发展现状及应用研究 [J]. 华东经济管理，2012 (10)：131 –136.

③ 胡永佳. 产业融合的经济学分析 [M]. 北京：中国经济出版社，2008：30.

劳动力、技术、信息等，还包括每一个企业在特定条件下所面临的市场要素。这样一来，产业间的差异性实际上就是各个产业资产体系内容以及结构的不同，类似于"禀赋"的差异。[①] 这里还需要强调一点，同一产业内部的企业规模有大小之分，因此不同产业特定的资产体系差异中体现的是资产的相对大小，即比例的差异，与该要素投入的规模无关。故两个原本泾渭分明的产业随着时间的推移，其边界越发模糊可以理解为两套原本比例和内容具有一定差异的资产体系逐渐趋同。在这个过程中，这两套资产体系相互影响，各自吸收对方的资产体系特征，最终两者完全趋同，生产出具有新特性而不只是功能叠加的产品或者服务；或最终两者一部分趋于相同，其余部分依旧保持一定的区分度，趋同的部分诞生新的融合产品，形成新的融合产业。

迈克尔·波特的价值链理论认为，企业生产经营过程中产生价值的具体行为称为价值行为，而各个价值行为或者说生产经营活动之间存在时间上的继起，这又组成了企业的价值链条。每一个企业都有其所属价值链条，并且一个价值链条的起点可能是另一个企业价值链条的终点，一个企业的价值链条终点也可能是另一个企业价值链条的起点。现如今，分工趋于细化，企业间价值链相互衔接，要素的价值也由一个企业传递到另一个企业中。当传递进行到两个产业的边界处时，具有融合的可能性。借用胡永佳（2008）提出的资产通用性的概念，上文描述也可以理解为处于产业边界处的企业其资产之间具有较高的资产通用性，因此可以通过渠道、数据信息、资本、技术、人才等载体实现资产结构的同化进而实现产业融合。当然，这种资产通用性所指向的范围可能是边界处属于不同产业的企业间所拥有的一切资产（即普遍通用），也可以是一个产业内企业的一种或几种资产与另一个产业的企业中的一种或几种资产之间的相互替换使用（即部分通用）。

---

① 要素禀赋指代的是一个国家的要素充裕程度，是一个宏观层面的定义，而此处的特定资产体系更多地指代产业的要素充裕程度，是中观层面的概念，但是此处仅仅只是将这两者所包含的意义作类比，并非等同起来。

## 二、先进制造业与现代服务业通过渠道融合实现深层次的产业融合

产品在产业链上流动时，需要根据产品以及市场的性质建立相应的流通渠道，而系统整合不同的流通渠道，淡化渠道的专用性特征，将对实现产业融合的最后一步——市场融合具有积极作用。不过，在互联网技术出现以前，由于缺乏一种能够同时适应大多数产品和市场性质的渠道，无论是在中间品还是在最终品的生产流通环节，不同的渠道造成市场分割，形成渠道壁垒，不利于产品的高效流动，随着科学技术的发展，信息技术为整合各种渠道提供了可能性，各种产品借由信息技术被抽象化为语音、图像、文字、数据等，通过网络向产品需求者终端发送，从而降低了市场信息不对称程度，进而降低了交易成本，提高了市场的竞争效率。

"两业"渠道融合一个较为典型的例子就是电子商务O2O。O2O（Online To Offline）字面含义为"从线上到线下"，即将线下商务机会与互联网结合在一起，进而实现线上营销对线下经营的带动作用。传统制造业主要采取的是线下零售模式，需求者需要付出大量的时间成本，从零售商处比价和购买。而现代服务业基于互联网技术，以一种公共发射网络整合了原先各自独立的产品服务流通渠道，如电信网络、电视网络以及数据网络等，并将该网络嵌入制造业的零售终端，成为厂商线下交易的前台。在O2O这种线上渠道与线下渠道相结合的模式中，现代服务业利用先进制造业完备的线下销售渠道实现产品服务的实质交割，在为企业线上推广的同时获得收益；先进制造业则利用现代服务业的线上销售渠道实现更好的宣传效果，进而带动线下营销收入的增长。因此，现代服务业与先进制造业可以通过渠道融合实现深层次的产业融合。

## 三、数据信息是数字化革命背景下"两业"融合必不可少的载体

随着信息技术的不断发展，数据信息作为生产要素既是先进制造业和现代服务业内部核心竞争力的重要组成部分，也是"两业"融合中富有新

时代特征的融合载体。从产业链的角度来看，产业链各组成部分都是能够将输入转变为输出的转换机构，物质与信息均可以通过这些转换机构组成的链条进行流动、传递和转换，其中信息的流动不仅可以与物质流一样沿产业链上下游纵向流动，还能够在关联产业之间进行横向交叉传递，具有多方向、循环连接的特点。周振华（2003）认为，由于物质产品过剩以及市场多变等原因，产业物质流越来越受到信息流的支配，而信息流支配物质流的主要体现就在于"信息的多向循环联结提供全方位延伸（向供应商、销售商、客户、合作单位以及竞争对手的延伸）的'价值网'（Value Network），创造一种各产业紧密联系的经济，从而模糊传统产业界限和改变产业流程"。

与传统制造业以物质流为基础、以信息流为支持的生产模式相比，先进制造业在生产过程中更加重视数据信息要素在生产过程中的应用，呈现信息流主导的产业特征，现代服务业则依托自身数据信息收集处理的专业性，在生产者与外部环境之间架起沟通的桥梁。由于产业链上下游供需的不稳定性以及缺乏相应的监控手段，传统制造业产销过程中需要额外准备一定量的存货投资来应对，但这也会经由乘数加速数效应造成经济的周期运动。随着信息化的不断推进，经济系统中开始出现专业化的信息服务商。这些信息服务商一方面通过传感器、网络、信息处理等技术收集企业内部生产数据信息，向企业提供一系列智能化生产解决方案，帮助企业优化生产工艺，提高生产效率，在这一过程中，承载企业生产状况的数据信息由制造业企业向信息服务商流动；另一方面又向外整合分散在消费者、上下游生产者、市场竞争者、中介机构、政府、外界环境等部门的数据信息，与企业进行物质—信息交换，在这一过程中，数据信息又从信息服务商向制造业企业流动。当这种制造业企业与信息服务商间的数据往来模式为大多数企业所使用的时候，数据信息就成为这两者所属产业间交流沟通的重要渠道，并能够在两者的边界催生出融合两者特点的新型产业，如传统工业制造业与信息技术服务业融合产生的工业物联网行业、传统汽车制造业与信息技术服务业融合产生的智能汽车行业等。因此，数据信息是数字化革命背景下"两业"融合必不可少的融合载体。

## 四、资本是促使不同产业相互融合的重要载体

资本是促使不同产业相互融合的另一个重要载体。在现实生活中，可以经常看到一个有自身主营业务的企业，成立相关的战略投资部门，将自身过剩资本配置到其他行业企业中，以求掌握行业供应链话语权，提升自身的盈利能力或业务能力。这些企业一部分处于对外输出资本企业的上下游，一部分在全行业中盈利能力或者发展潜力较高的企业，还有一部分则是接收投资企业本身具有的某些特征或要素，并可以很好地整合进自身企业生产运营中。当然对于产业融合来说，个别企业的投资行为并不能代表所属产业整体与另一个产业通过资本往来完成融合。当某一产业中的一定数量的企业由于业务关联、市场关联或者技术关联，通过股权、债权等手段在产业边界处大规模向另一个产业输出资本，以求吸收、整合其他产业的相关生产要素于本产业中或者期望形成新的产业（部分融合或者完全融合）以获得融合收益的时候，才能称这两个产业间正在通过资本完成产业融合。企业间通过自身资本投资甚至于控股其他企业的行为屡见不鲜，但在这里需要强调的是，即使某一产业内企业普遍与另一产业内企业有资本项目往来，其中也并非所有投资行为都是以资本为载体进行产业融合，真正意义上的通过资本进行产业融合更加强调产业间资本往来的目的性，并且往往伴随着其他要素的融合。例如，一些产业内企业普遍会对其上下游产业企业尝试纵向一体化，该资本输出产业的目的并不是与该产业进行产业融合，而仅是为了保障本产业产品的原料供给和市场销售的稳定性，因此不能称为产业融合。另外，一些行业内企业出于风险管理、资金转移、提升资本盈利能力的目的与其他产业内企业开展投融资项目，即使产业内大部分企业都在进行该项企业行为，也不能称为"融合"，其中比较典型的行业就是金融业。作为金融资本密集型产业，金融企业自营投资业务（如在一级市场或二级市场进行证券投资业务）逐渐成为其经营利润的重要来源。不过从企业行为来看，金融企业投资的企业类型中有很大一部分企业主营业务内容与金融业务完全没有关联，金融企业投资的目的仅仅在于获得投资回报，寻求新的利润增长点，此时金融企业向其他产业企业注入自有资本的行为不能称为"融合"。相反，假如金融企业投资其他

行业企业的同时，企业间投资期间还伴随着其他诸如人才、技术等方面的交流、渗透，并且两个或多个产业内一定数量的企业自发完成该要素的相互渗透，则可以称其产业间通过资本渗透的方式正在实现产业融合，比如传统金融业与科技产业的资本、技术交流合作诞生的科技金融产业。金融业与高新技术产业的融合，一方面使金融企业借由高新科技企业流入的要素完成自身业务（产品）的升级，提高金融企业的经营绩效，另一方面又促进了其他行业企业开展金融业务，拓展科技企业融资渠道以及业务范围。在金融业内引入新的竞争者，可以促进行业内有效竞争，提高金融企业整体经营效率。可见，两个产业内企业可通过资本项目连接进行产业融合。

## 五、通用型技术创新是推动"两业"深度融合的重要载体和前提

无论是在宏观中的经济周期模型还是在微观中的生产成本曲线，技术早已被认为是影响经济运行的重要因素，从产业融合过程的角度来看，产业融合需要经历技术融合、业务融合、市场融合三个阶段，[①] 只有经历这三个阶段，产业融合才算真正实现，因此基于这一结论，技术是产业融合的关键载体。前文提及从交易成本的角度来看，产业融合的实质就是以产业内分工来代替产业间分工。不过，与科斯所论述的一般企业边界扩张与收缩不同的是，由于不同产业之间存在一定的壁垒，特别是技术壁垒，因此相较于一个企业在其产业内部扩张边界的活动，处于产业边界处的企业进行产业融合更加强调产业间技术的有机融合，在两个不同的产业在融合的过程中，往往伴随着以技术为载体的相互渗透。植草益（2002）认为，产业融合的内涵在于通过技术创新以及放宽限制来降低行业间的壁垒，加强各行业间的竞争合作关系。因此，技术的变革以及扩散在产业融合中往往是一个重要的内部激励因素。如果将技术视作是一个产业或者一个企业的资产，那么技术的资产通用性，或者说两个产业的技术特点是否具有共同的技术基础，是否能够相互移植，不仅决定了该技术能否向其他领域扩

---

[①] 罗森伯格把这个由于通用技术在无关或相关产业中长期应用和发展而导致一种生产完全不同的独立产品的产业产生的形成过程叫"技术融合"。

散或者与其他领域的相关技术形成技术融合,[①] 也决定了公司或产业能否向其他产业扩展、融合。一些研究者通过古今中外的案例发现这种融合现象。罗森伯格在对 19 世纪中期美国机械装备制造业的研究中发现,由于机械部门以及金属应用部门的通用技术(如钻孔、打磨、抛光等)具有广泛的适用性,因此不同的通用技术整合是装备制造业得以形成与发展的重要原因。周振华(2003)通过分析电信、广播电视以及出版业的产业融合也提出了相似的观点。他认为三大部门产业融合的主导要素是信息技术的融合,这些部门的技术基础交织发展,技术应用相互渗透,技术发展逐步由分散走向整合统一,再加上三大产业之间天然存在的配套性以及互补性,最终促成了三大产业的相互融合。马健(2005)则认为促成产业间融合的内在原因是技术革新,并且往往是扩散性的技术革新,即一个产业内部的革命性技术创新扩散、转移、整合进另一产业内部,使另一个产业内部对该技术充分利用。

随着科学技术的不断发展,先进制造业企业越来越倾向于向产业链两端高附加值位置(通常服务业占据了这一位置)延伸,因此不可避免地要与产业链上知识技术密集型的服务业企业发生关联。相对于先进制造业,知识技术密集型服务业具有较强的渗透性,其能通过自身拥有的通用型技术渗透、扩散和融合到特定制造业企业的研发、生产、销售全环节中,通过与特定制造业原有技术的融合产生新技术,强化或者改变其生产路线,提高生产效率,搭建高效的销售渠道,进而形成特定制造业核心竞争力。不仅如此,特定制造业企业在利用现代服务业企业技术完成产业升级的过程中,满足其特性的技术创新也将对现代服务业产生反作用,进而促进其与现代服务业的进一步技术融合。随后,特定制造业与现代服务业的技术创新能够通过市场、产业链等方式向外溢出,被其他能够利用该技术创新的产业结合自身实际整合进生产过程中,推动技术的进一步创新与扩散。先进制造业与现代服务业的技术融合使不同的产业拥有相同的技术基础,降低产业间的技术壁垒,使不同产业经营同类产品服务成为可能,有利于进一步加强先进制造业与现代服务业在信息、资本、人才等要素资源的整

---

① 所谓扩散性的技术创新是相对于革命性的技术创新而言的,革命性的技术创新指的是在原理上对该技术进行变革,而扩散性的技术创新则不改变其基本理论框架,通过将其引入其他产业,从而实现技术的创新扩散、转移、整合。

合。因此，通用型技术创新是推动先进制造业与现代服务业深度融合的重要载体，也是推动产业融合的前提。

## 六、人才及依附于人才身上的知识技术的交流是实现"两业"融合的重要载体

在强调产业间明确社会分工的时代，生产环节被分割为不同的工序，每个工序所投入的生产要素都由一定比例的劳动力、资本等生产要素组合。亚当·斯密认为，由于熟练操作可以节约工人在不同工序间转换所花费的时间成本，并且提高劳动者对单个环节操作的熟练程度，因此，只要"政治修明"的条件得以满足，那么分工就能通过提高各个行业生产效率的方式实现国民财富的普遍提升。起初，资本、土地、自然资源等"初级资源"较为稀缺，对这些物质要素的投资以及集约利用是首先需要解决的问题，整个系统倾向资源集中的单一结构。从劳动者的角度来看，大机器大工厂生产要求个体掌握的生产技巧被分割得很小，长期从事简单劳动生产的工作也可能会严重损害工人的创造性等能力，斯密认为，分工所带来的各种时间成本的降低是通过牺牲工人的智力、交际能力等而获得的。在生产厂商不断扩张、集约使用资源这个过程中，集约使用"初级资源"对生产的重要性逐步让位给对知识、技能等"中级资源"的创造和使用。在这个过程中，生产的迂回程度不断延长，劳动分工不断深化，产业报酬递增效应越发明显，而由于分工带来的物质资本的不断积累同时也促进了人力资本的快速积累，生产的过程不仅强调分工，还强调劳动者的知识技能专业化程度，因此生产者的生产行为朝着专业化分工的方向不断演进，这同时也对技术水平产生正向反馈，促成经济发展的良性循环。

不过，产业间分工程度并不能够无限细化，这主要受制于生产环节迂回带来的不可预期风险因素的增加以及产业间由于交易成本带来的协同效应的弱化。在此大背景下，应对未知风险的不再是知识、技术、才能等"中级资源"，而是组织、网络、信誉、社会资本等"高级资源"的有效利用，产业组织由原先按照工艺流程进行线性分工转向按照功能差异进行非线性的模块化分工，产业组织结构发生了改变。刘茂松等（2005）认为，以信息技术快速发展为基础的模块化是标准化生产的高级形式，当不

同的产业倾向于采取这种生产模式的时候，将有利于产业融合的形成。由于模块功能整合，从技术知识依托的人的角度来看，过去单一化的个人知识结构难以应对模块整合的需要，这就催生了模块整合对个人知识构成复合化的进一步要求。因此，与以往专业化生产的模块整合并不绝对要求个人所掌握知识范围的专精化不同，模块化生产更加支持和鼓励不同功能模块之间的人员开展合作交流，强调个人技能的综合化，在人才技术不断交流的过程中，信誉、社会资本等"高级资源"随之得到发展，[①] 强化了各个模块之间的联动效应，加速模块功能整合，产生融合型产品，实现产业融合。因此，在产业间通过模块化分解与整合产生新的融合型产品及产业的时候，人才及知识技术的交流是实现产业融合的要素。

## 第四节　先进制造业和现代服务业深度融合的路径

由本章第一节可知，经济系统中各个产业有着类似于生命体的活动现象：特定时空内某一特定产业与生态学中的种群的概念非常相近，属于同一产业的企业间竞争也如同自然界内竞争遵循的"丛林法则"一般，控制着该产业的规模，通过市场竞争这只"无形的手"鼓励企业走创新驱动路线，淘汰与时代发展相脱节的企业与技术，提升产业的整体竞争力；而将一定范围内不同的产业集中起来，则形成了与自然界群落概念相对应的产业生态群落的概念。产业生态群落指产业根据业务分工种类划分所形成的集群，产业依据自身内部竞争优势以及外部环境压力，与其他相关产业间呈现出捕食、竞争、共生等关系，通过与其他不同的产业进行物质能量（物质、信息、价值等）交换的方式获得专业化以及协同优势，相互促进，共同推动产业转型升级，进而推动高质量发展。除了顺着产品生产流程链上的产业融合外，生产一类产品的过程中同样需要其他辅助性产业或者机构的支持。区别于以生产最终服务为目的的经济活动，这些辅助性产业或机构提供中间服务，提高生产部门的生产效率，将其价值反映在生产者最终产品的生产成本中；而生产部门也为生产辅助性产业提供设备、技术等

---

① 胡晓鹏. 从分工到模块化：经济系统演进的思考［J］. 中国工业经济，2004（9）：5-11.

支持，因而双方在业务、资金、技术等方面的联系较为紧密，也较易在产业边界处发生产业融合。

关于先进制造业与现代服务业深度融合的可行具体路径，目前学界各种观点莫衷一是。顾乃华等（2006）认为大致可以归纳为三种，即需求遵从路径、供给主导路径以及互动发展路径。从产业生态群落理论的角度来看，这三种路径的主要区别主要在于哪一个产业是产业链中的"优势种"地位。所谓产业群落"优势种"指的是那些能够大量控制能流，其数量、大小以及产业链中的地位能够强烈影响其他种群的生存环境的产业。"优势种"本身在产业生态系统中占据较大的生存空间，并且种内个体数量多，能够利用更多的资源，具有较高的生产率。"优势种"依托自身的核心技术、市场、资源等优势，为其他关联产业创造了一个适宜的生存环境，一旦其规模出现萎缩甚至消失，将会对其他配套产业造成严重的影响。因此，从产业生态系统"优势种"的角度来看，经济系统中先进制造业由"优势种"主导会走向需求遵从型产业融合路径，现代服务业由"优势种"会走向供给主导型产业融合路径，如果先进制造业与现代服务业之间没有一个产业明显处于主导地位，则会走向互动发展的产业融合路径。

## 一、需求遵从路径

从产业链中先进制造业与现代服务业的业务关系来看，先进制造业为追求更高的专业化程度，往往会将生产制造的一部分服务环节委托给生产性服务业，因此，在一定程度上，先进制造业是服务需求方，而现代服务业则是生产服务供给方。现代经济学理论遵从需求创造供给的经典假设，认为市场需求是市场经济发展的根本动力，因此，"需求遵从论"认为，作为服务业的重要服务需求来源，制造业在产业生态系统中处于核心地位，是产业生态群落中的"优势种"，它能够对经济发展的走向产生深远影响，为现代服务业提供能量来源，其自身的变化能够极大地影响处于从属地位的服务业的生存和发展。换句话说，只有通过工业化与城市化形成一个强大的制造业体系进而派生出旺盛的服务需求，服务业才有可能借此获得较高的回报。①

当某一区域内由于出现技术扩散革新，或者高效资源优势，再或者政策保护优势而出现制造业生产效率提高的时候，先进制造业会衍生出对资金、物流运输、人才引荐、技术研发等服务业务的需求。一开始，以制造业需求为主导，制造业与服务业之间通过增加业务往来增强彼此的"物质能量交流"，服务业借助制造业生产服务需求的增长快速扩张其规模。不仅如此，制造业与服务业的业务往来过程不仅体现为规模扩张，伴随而来的还有服务业内部种内竞争的加剧，这进一步促进了服务业自身迭代演化。从拉马克主义的视角来看，随着制造业服务需求类型以及规模的不断扩张，制造业企业逐渐意识到，在产业链条中仅依靠生产制造所能获得的附加值有限，与此同时，知识密集型服务业所拥有的高生产率与附加值效应逐步显现，因此，传统制造业谋求突破"低端锁定"，一个可行的方法便是主动向产业链上下游服务业延展融合，向先进制造业转化。相对于传统制造业更多地依赖于实物资本以及劳动力，先进制造业生产要素组成成分上则更加强调知识资本。资本"软化"程度较高，这与服务业的要素构成更为接近，也为"两业"融合创造了先行条件。从产业生态群落角度来看，传统制造业向先进制造业转型的过程中主动向服务业延伸的结果就是传统制造业代表资源占据的"生态位"宽度的增加和移动，与现代服务业"生态位"之间的重叠面积加大，二者重叠部分竞合激烈进而有发生产业融合的可能性，如家电、计算机硬件制造业企业普遍推出的大型家电设备运输、上门安装、维修服务就是制造企业将产品的生产链条延伸至售后服务领域；互联网行业为制造业提供优化生产制造流程的解决方案，双方融合逐渐诞生的工业互联网行业等都是"两业"融合需求遵从型路径的集中体现。

## 二、供给主导路径

供给主导路径与需求主导路径相反，该路径以现代服务业为"优势种"，认为"两业"融合是现代服务业主导的融合过程。从"两业"的性

---

① 张世贤. 工业投资效率与产业结构变动的实证研究——兼与郭克莎博士商榷［J］. 管理世界，2000（5）：79-85.

质来看，现代服务业主要是技术、知识密集型产业，其为制造业提供的现代服务往往位于"微笑曲线"的两端，具有较高的附加值，是制造业产品竞争力的主要来源；从生产链条来看，一些现代服务业具有强化市场专业化分工的能力，能够大大延长产品的生产链，衍生出新的产品。[①] 另外，现代服务业相对于先进制造业而言具有更强的信息收集能力，这使现代服务业能够比先进制造业更快地掌握行业动向，完成产业融合识别，精准地寻找到可行的融合产业。因此现代服务业是产业生态系统中的"优势种"，处于在"两业"融合过程中的发起和主导地位。不过，部分服务业公司对产品供应链、生产链展现出了极强的控制力，一些制造业公司由于过度依赖服务公司订单，与服务公司终止合作之后甚至出现落入经营谷底的情况。因此，"两业"融合过程主要取决于现代服务业状况，当区域内现代服务业发展缓慢的时候，制造业与服务业之间业务往来、技术交流、人员流动、产品制造等受到阻碍，"两业"融合速度放缓。

随着经济的发展，服务业逐渐成为一些国家推动经济发展的重要支柱。一些先进的服务业企业依托自身技术优势，不再满足于仅仅与制造业企业开展短期业务往来获得收益，开始主动向上下游制造业延伸，希望获得融合带来的协同效应、竞争优势以及网络效应。不过在资本以及劳动密集的制造领域，进入壁垒较高，服务业企业往往难以在短时间内立足。因此，服务业企业，特别是现代服务业企业往往会主动发起与制造业企业除交易之外的要素合作，使现代服务业的"生态位"发生变化。大量互联网企业与制造厂商合作进军家用电器、日用产品制造领域，借助互联网企业技术、品牌优势开辟智能家居产业，就是服务业企业凭借自身品牌与市场优势，助力制造业企业开辟市场，突破行业壁垒的案例。在以上过程中，现代服务业往往处于主导地位，属于供给主导型路径。

## 三、互动发展路径

当先进制造业与现代服务业之间没有一方处于明显的主导地位时，双方在业务往来的过程中相互依赖、相互促进、相互渗透，最终达成相互融

---

　　① 于斌斌，胡汉辉. 产业集群与城市化共生演化的机制与路径——基于制造业与服务业互动关系的视角［J］. 科学学与科学技术管理，2014（3）：58 – 68.

合的过程可以称为互动发展路径。通过这一路径实现产业融合的双方各自拥有无法替代且互补的优势。对于先进制造业来说，多年的生产制造经验与技术研发，使产业拥有较强的制造技术人力资本、较完备的制造供应链以及密集的固定资本，生产获得的附加值稳定但上升幅度有限。对于现代服务业来说，其从事的服务项目具有较高的附加值，并且资产组合中服务技术、人力资本、信息存量等"软资产"占比较高，具有较高的发展潜力和资产通用性，但若要将其核心技术凝结于硬件上，特别是那些强调规模化生产的硬件，则缺乏足够的投入资金以及稳定成熟的生产供应链。因此，当能够大幅度提高生产效率的通用型技术进步出现并逐步向先进制造业与现代服务业渗透的时候，旧生产技术路线得到改进或变革，"两业"间相似的新功能、新产品出现，意味着其在技术要素的占比和构成上趋于相似，在一定程度上模糊了"两业"的技术边界，使"两业"生态位的宽度和位置相互靠拢，为产业融合奠定了基础。

一开始，一部分现代服务业与先进制造业基于双方优势进行业务往来，但是由于合作中没有互相渗透各自优势，产业间接触频率较低，"能量"沟通渠道较为单一，此时的"两业"融合处于初级阶段，如先进制造业企业向现代服务业企业提供代工制造、现代服务业企业向先进制造业企业提供专业服务等。随着通用技术的进步，先进制造业与现代服务业之间的"物质能量"沟通往来越来越密切，产业间技术边界日趋模糊，"两业"间相继出现具有一定替代性的新产品与新功能，竞争程度加剧的同时促使"两业"间合作频率提高，"能量"沟通的渠道也由资金往来拓展为与各自优势技术、人才、管理等核心生产要素，使"两业"生产资产组合趋于同质化，生态位进一步靠近，"两业"在整合各自优势的同时，发生了业务融合。不过，此时新产品与新功能仍然属于"两业"原有产品的范畴，市场并没有对这种新产品或新功能的充分需求。当"两业"经过技术融合、业务融合生产出符合市场要求的新产品、创造了新的消费需求时，产业完成了市场融合并最终完成了产业融合。① 此时"两业"间沟通的渠道不仅局限于生产层面，从研发到生产再到销售全环节都体现出产业间竞合与要素、市场的相互融合，如大量互联网企业利用自身在用户数据以及

---

① 马健. 产业融合理论研究评述 [J]. 经济学动态，2002（5）：78-81.

技术方面的优势，与传统汽车制造企业由浅层的业务往来到深度联合研发，再到共同投资设企，一步步加深新型汽车领域合作，融合诞生智能汽车产业。

# 第五节　先进制造业和现代服务业深度融合的模式

关于产业融合模式的研究，本书借鉴聂子龙等（2003）的研究，将产业融合的模式分为渗透型融合、延伸型融合、重组型融合以及替代型融合四种。其中重组融合模式主要是指同一产业内部关联产业重组整合（如银行、保险和证券业的混业经营；种植业、畜牧业和养殖业的融合）以增强产业整体竞争力的过程。很明显，先进制造业与现代服务业仍旧分属于服务业与制造业两个不同产业集合，与重组型融合模式定义所要求的"同一产业内部相关联子产业"差异较大。即使将先进制造业与现代服务业统称为高新技术行业，"两业"重组融合的过程也基本可以归类于其他三种融合模式（渗透型融合、延伸型融合、替代型融合）。因此，接下来，本书以共生理论为基础，具体探讨"两业"渗透型融合、延伸型融合以及替代型融合三种产业融合模式，重组型融合不在讨论的范围内。

## 一、渗透型融合

渗透型融合指的是掌握通用核心技术的产业为传统产业提供效率提升的一体化解决方案时，将通用核心技术渗透进传统产业，融合形成新的产业。在渗透型融合模式中，产业融合的纽带在于渗透载体——技术的通用性程度。当技术的通用性较强时，产业具有利用该项通用型技术向其他产业应用、渗透的倾向，这会使不同产业拥有相似的技术基础，产业质参量组合相似性提高。如果将不同的产业类比为不同的共生单元，通用型技术的出现使产业间出现新的共生界面，有利于产业间物质能量进一步交换。渗透型融合侧重于高通用技术产业向其他相关产业进行渗透，被渗透的产业需要与该项通用技术具有较高的匹配性，因此，渗透型产业融合模式具有较为明显的技术导向以及融合的单向性。

## 二、延伸型融合

延伸型融合指产业间通过功能的互补与延伸实现产业间的融合。这一类型的产业融合往往发生在产业链自然延伸的部分，是"两业"融合过程中较为普遍的模式。延伸型产业融合发生的条件是，融合产业在产业链中具有密切的位置关系以及优势。与渗透型融合不同的是，产业延伸型融合的渠道具有双向特征，产业间相互交流的过程使双方都能获得彼此的竞争优势，弥补双方的竞争劣势。从共生学角度来看，产业间沟通融合渠道越多，意味着共生单元之间的共生介质更具多样性和互补性，共生界面的功能越趋于完善，因而共生界面的阻尼特性越不明显；并且产业间有效的物质信息以及能量交流使共生体以及各共生单元能够更好地应对外界环境变化，产生更大的共生能量，进而促进各共生单元共同进化。不过，对于特定的先进制造业与现代服务业，一般来说它们在产业链中的地位存在差异，这意味着产业间相互依赖的程度有所不同，因此，在进行延伸型融合的过程中共生能量分配的不对称性会使"两业"进化存在非同步性可能。这种非同步性持续的时间越长，共生关系越趋于不稳定，进而可能出现发展较慢的共生单元离开共生体的情形，改变原有的产业共生体系结构。

## 三、替代型融合

替代型融合指的是更具竞争力的新产业冲击、取代旧产业并进行融合的过程。具体来看，替代型融合主要发生于新技术新业态出现后，新旧具有相似功能的产品进入一个共同的标准元件束集合中，充分竞争，并将各自产品中具有相似特征和功能的部分整合成一种可替代产品。新产业与旧产业之间的替代融合并不是简单地将这新旧产业归并到一起，两者之间的融合应该伴随着技术、资本、人才、产品功能、市场等要素的有机结合，实现新产业对旧产业性质的替代性整合，进而形成自身特有的性质。从共生学角度来看，"两业"共生单元融合形成的共生体能够产生源自"制造外溢效应"和"服务外溢效应"的额外物质能量，这将强化共生体的生存能力或者说竞争能力，具体表现为密度增容（经营效益提高）以及维度增容（经营范围扩张）。替代融合中的"替代"一方面指各共生单元对外界环境的作用功能呈现出可替代性进而具备融合基础；另一方面指融合产生的共生体在保留原有共生单元部分或者全部特征的同时也灭失原先共生单元的个体属性，呈现出共生体对组成共生体的共生单元的替代。

# 第三章　河北省先进制造业和现代服务业发展现状分析

## 第一节　河北省先进制造业发展现状分析

### 一、河北省三次产业发展现状

首先，从河北省三次产业的产值与占比的角度来分析三次产业发展的现状。2011~2022年，第一产业产值与占比的变动幅度在三次产业中均最小。其中，产值由2011年的2702.8亿元，增加到2022年的4410.3亿元，产值占比由2011年的12.6%逐步下降到2022年的10.4%。第二产业产值由2011年的10275.5亿元增加至2022年的17050.1亿元，产值占比由2011年的48.1%逐步下降至2022年的40.2%。第三产业产值与占比均持续提升，其中，产值由2011年的8406.4亿元增加至2022年的20910.0亿元，产值占比由2011年的39.3%增加至2022年的49.4%。三次产业产值与其占比变动见图3-1。

从三次产业结构角度来看，2011~2022年，河北省产业结构经历了由"二、三、一"向"三、二、一"的转变，发展过程符合库兹涅茨定理。河北省三次产业结构发生转变的时间节点为2015年，相较于中国整体的三次产业结构变化延迟3年。

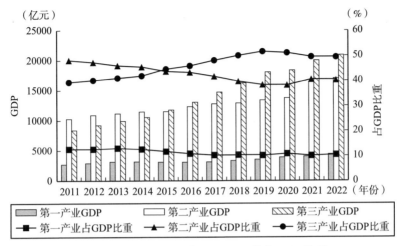

**图 3-1　河北省三次产业 GDP 及其占 GDP 比重**

资料来源：根据《河北省统计年鉴》整理。

　　其次，三次产业产值与其占比的变动趋势背后，是三次产业固定资产投资额的巨大差异。2011~2022 年，第一产业固定资产投资额较小，但变动幅度较大。2011 年第一产业固定资产投资额为 426.50 亿元，2022 年增长至 1847.27 亿元，但其增速波动较大，曾在 2012 年、2014 年以及 2015 年实现年增长超过 30%，而在 2019 年和 2020 年均为负增长。第二产业固定资产投资额稳定增长，但增速逐步降低。2011 年，第二产业固定资产投资额为 7463.20 亿元，2022 年增加至 19224.73 亿元，但其增速由 2011 年年增长 29.10% 逐步降低至 2021 年的 0.6%，2022 年其增速有所增加，为 13%。第三产业固定资产投资额稳定增长，其增速呈现先下降后上升的趋势，最后增速放缓。2011 年，第三产业固定资产投资额为 7905.50 亿元，并始终保持增长至 2022 年的 21065.91 亿元，其增速由 2011 年的年增长 20.00% 逐步降低至 2015 年的 6.53%，随后提高至 2020 年的 10.70%，2021~2022 年其增速保持不变，均为 4.4%。三次产业固定资产投资额及其增长比见图 3-2。

　　从固定资产投资的角度来看，第二产业固定资产投资额增速不断降低，近两年出现较高增长，第三产业固定资产投资额的稳健增长反映在第二、第三产业增加值占比相对的变化趋势上，第三产业逐步占据三次产业的主导地位。

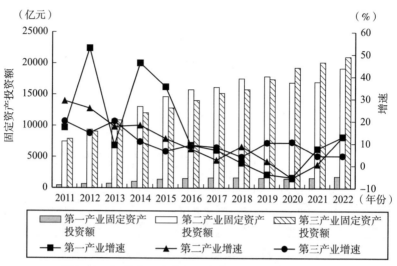

图 3 – 2　河北省三次产业固定资产投资额及其增长比

资料来源：根据《河北省统计年鉴》整理。

## 二、河北省制造业高质量发展现状分析

党的二十大报告提出，坚持把发展经济的着力点放在实体经济上，推进新型工业化，加快建设制造强国。制造业是国民经济的主体，其价值链长、关联性强、带动力大，在很大程度上决定着现代农业、现代服务业的发展水平，在现代化经济体系中具有引领和支撑作用。党的十八大以来，强调要把制造业高质量发展作为构建现代化产业体系的关键环节，做实做优做强制造业，推动我国从"制造大国"向"制造强国"转变。

（一）河北省制造业增加值分析

河北省 2013～2022 年制造业增加值汇总于表 3 – 1。从河北省制造业增加值来看，一方面，河北省制造业增加值在 2018 年有所下降，其余年份持续上升，稳定保持在较高水平。制造业取得快速发展，表现在其增加值逐步提升，并维持在较高占比水平。另一方面，河北省制造业发展速度下降。制造业增加值增长百分比在 2013～2016 年维持在高位水平，2017 年制造业年增加值增长百分比出现大幅下滑，反映出其发展速度放缓，2018～2022 年发展速度保持稳定。

表 3 - 1　　　　　　　河北省 2011 ~ 2022 年制造业增加值

| 年份 | 制造业增加值（亿元） | 制造业增加值增长百分比（%） |
|---|---|---|
| 2013 | — | 14.5 |
| 2014 | — | 8.8 |
| 2015 | 8537.0 | 7.0 |
| 2016 | 9213.0 | 10.2 |
| 2017 | 9358.1 | 3.8 |
| 2018 | 9279.3 | 5.2 |
| 2019 | 9566.0 | 5.0 |
| 2020 | 9856.2 | 5.1 |
| 2021 | 11957.3 | 4.6 |
| 2022 | 12295.0 | 4.0 |

注：《河北省统计年鉴》制造业增加值数据从 2015 年开始公布，《河北省国民经济和社会发展统计公报》从 2013 年开始公布数据。

资料来源：根据历年《河北省统计年鉴》和《河北省国民经济和社会发展统计公报》整理。

## （二）河北省制造业固定资产投资

河北省制造业 2013 ~ 2022 年固定资产投资额汇总于表 3 - 2。从河北省制造业固定资产投资增加值来看，2013 ~ 2022 年，一方面，河北省制造业固定资产投资增速由 2015 年年增长 10.1%，上升至 2022 年的 13.4%。固定资产投资增速在 2016 ~ 2021 年较缓。另一方面，河北省制造业固定资产投资增加值在 2020 年首次出现了负增长。2020 年前，河北省制造业固定资产投资额虽增速减缓，但每年始终保持固定资产投资额的增长，然而 2020 年固定资产投资额的负增长展示出河北省制造业在 2020 年整体扩大再生产规模的下降，其增加值百分比也在同年呈现较低水平。制造业以及先进制造业作为当前大国竞争背景下国家保持优势地位的战略核心产业，其资本可获得性以及生产投资规模应当受到更多关注。

**表 3 – 2**           河北省制造业 2013～2022 年固定资产投资额

| 年份 | 增加值（亿元） | 比上年增长（%） |
|------|------|------|
| 2013 | 9560.6 | 19.4 |
| 2014 | 11421.4 | 19.4 |
| 2015 | 12578.8 | 10.1 |
| 2016 | 13448.9 | 6.9 |
| 2017 | 13871.3 | 3.1 |
| 2018 | 15008.7 | 8.2 |
| 2019 | 15248.9 | 1.6 |
| 2020 | 13708.7 | – 10.1 |
| 2021 | 14024.0 | 2.3 |
| 2022 | 15903.2 | 13.4 |

注：《河北省国民经济和社会发展统计公报》从 2013 年开始公布数据。
资料来源：根据各年《河北省国民经济和社会发展统计公报》整理。

本书综合各学者对先进制造业的理解，将先进制造业定义为：不断吸收电子信息、计算机、机械、材料以及现代管理技术等方面的高新技术成果，并将这些先进制造技术综合应用于制造业产品的研发设计、生产制造、在线检测、营销服务和管理的全过程，实现优质、高效、低耗、清洁、灵活生产，即实现信息化、自动化、智能化、柔性化、生态化生产，取得很好经济收益和市场效果的制造业总称。其特点一是广泛应用先进制造技术，二是采用先进的制造模式。按照行业划分，先进制造业分为以下八类：医药制造业；非金属矿物制品；有色金属冶炼和压延加工业；通用、专用设备制造业；交通运输设备制造业；电气机械及器材制造业；通信设备、计算机及其他电子设备制造业；仪器仪表制造业。按发展模式大致分为两种：一种是传统制造业吸纳、融入先进制造技术和其他高新技术后，提升为先进制造业；另一种是新兴技术成果产业化后形成的、带有基础性和引领性的产业。

## 三、河北省先进制造业发展成效

### （一）创新能力稳步增强

2011～2022 年河北省规模以上制造业企业研究与试验发展（R&D）经费投入稳步增长（见图 3-3），从 2011 年的 65.9 亿元增加到 2022 年的 848.9 亿元。2022 年，河北省规模以上制造业企业研究与试验发展（R&D）经费投入强度（与地区生产总值之比）为 1.29%；规模以上工业企业新产品开发项目数量和专利申请量较 2015 年实现翻番。国家级高新技术企业数量增长近 5 倍，达到 9400 家，跻身全国前十；科技型中小企业年均增长 1 万家以上，总数突破 8.7 万家；培育省级以上各类创新平台超 2000 家；培育技术创新示范企业 200 余家；创建省级工业设计中心 60 余所，工业设计创新中心覆盖各市。

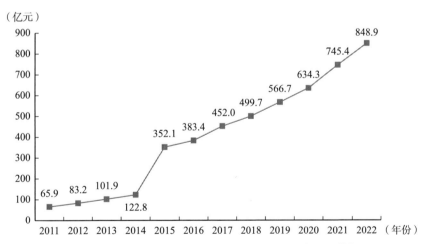

**图 3-3　河北省规模以上制造业企业研究与试验发展经费投入**

资料来源：根据《河北省统计年鉴》整理。

### （二）结构调整持续深化

围绕高端化、智能化、绿色化，持续提升工业技术装备水平，累计实施重点技术改造项目 5700 余项；2022 年高新技术产业增加值占规模以上工业增加值比重由 2015 年的 16% 提高到 2022 年的 20.6% ;① 汽车制造业成为装备制造业第一大行业，工业机器人、风力发电机组等产品从无到有；为加快推动先进制造业集群专业化、差异化、特色化发展，2022 年河北省推荐的"保定市电力及新能源高端装备集群"，以及联合京津推荐的"京津冀生命健康集群"通过了国家先进制造业集群的公示，实现了京津冀地区国家先进制造业集群"零的突破"；2023 年河北省审慎布局，未来 5 年重点支持战略性新兴产业融合集群 9 个，重点培育战略性新兴产业融合集群 8 个。

（三）数字化转型步伐加快

大力推进数字产业化、产业数字化。2022 年河北省的数字经济规模达 1.51 万亿元，占 GDP 比重达 35.6%；关键工序数控化率达到 62%，位居全国第四；全省重点培育各级各类工业互联网平台 230 个，连接工业设备超 1025 万台，服务工业企业超 12.5 万家；培育省级工业互联网创新发展重点项目 940 个、试点项目 294 个。② 2021 年，河北 12 个项目入选国家新一代信息技术与制造业融合试点示范项目，9 个项目入选工业互联网平台创新应用领航案例，数量均居全国第四位；上云企业近 7 万家，全省工业企业设备上云率排名全国第一。③

## 四、河北先进制造业发展面临的挑战

在制造强国战略部署的深入推进中，河北省先进制造业发展成效显著，成果斐然，但也面临着多方挑战。

（一）新旧动能转换尚未有效实现

河北省先进制造业发展还处于成长发展时期，在全国范围内仍处于中

---

① 河北省制造业高质量发展"十四五"规划，http：//www. xiongan. gov. cn/；2023 河北省统计年鉴，http：//tjj. hebei. gov. cn/.
② 河北省人民政府办公厅. 河北省制造业高质量发展"十四五"规划 [R]. 河北省人民政府办公厅网站，http：//www. xiongan. gov. cn/.
③ 河北省人民政府办公厅. 河北省制造业高质量发展"十四五"规划 [R]. 河北省人民政府办公厅网站，http：//www. xiongan. gov. cn/.

等水平，同时又受限于体量，对整体的经济拉动力相对有限。河北省多年来依靠钢铁行业作为支柱产业，严重压抑了其他行业的发展，钢铁工业之外的行业缺乏大企业支撑，特别是装备制造、电子信息等产业发展严重滞后，制约了产业结构的高度化，即使近年高新技术产业带动作用显著增强，特色产业集群势头向好，但还没有起到有效的支撑作用。

（二）先进制造业企业资金链趋紧，影响短期偿债能力

由于过往三年新冠疫情的影响，河北省不少先进制造业企业发展进程严重受阻，主要表现为产品库存增加占用资金、市场需求和投资品需求萎缩、企业流动负债增多等，这使得资金链问题难以在短时间内化解。受劳动力红利的逐步削减影响，河北省传统制造业的转型升级迫切程度超出预期，设备更新、人才引进、产品结构调整等问题都需要兼顾，这进一步加剧了制造业企业资金压力。

（三）区域协同发展政策倾斜度不足

在京津冀整体定位中，河北省的发展被定位为"全国现代商贸物流重要基地、产业转型升级试验区、新型城镇化与城乡统筹示范区、京津冀生态环境支撑区"，而北京市定位为"全国政治中心、文化中心、国际交往中心、科技创新中心"，天津市定位为"全国先进制造研发基地、北方国际航运核心区、金融创新运营示范区、改革开放先行区"。尽管近年来，伴随着雄安新区的建设及非首都功能疏解的重点领域不断扩大，落地的先进产业和战略性新兴产业不断增多，河北省汲取的发展红利不断扩大，但河北省在定位上对高新产业的吸引力是不足的，高新技术对制造业升级的支持作用仍然欠缺，项目落地速度及实际带动效应较为有限，并且夹杂着被迫接受低端产业的情况，所以即使河北省拥有着较大的制造业体量，但是结构问题复杂交织，仅靠简单的经济调整势必会滞缓先进制造业发展进程，解决这一困境更多需要政策的倾斜支持。

（四）国际市场竞争挤压生存空间

全球各国布局先进制造业，制造业竞赛趋于激化，河北省先进制造业国际竞争压力持续攀升，主要体现在三个方面。一是产品出口面临发达国

家竞争。世界各国对先进制造业的发展关注度提升，并出台政策争夺国际市场，对比各国出口产品结构相似度，在高端制造业领域我国与发达国家在国际市场上正呈短兵相接态势，河北省作为制造业大省，承受着较大压力。二是受制于海外关键零配件及设备进口。电子信息、汽车、装备制造等产业是河北省制造业高质量发展的重点领域，但欧美日韩等国在关键核心零部件、设备及材料领域仍处于垄断地位，一旦相关产品进口中断，会直接冲击河北省先进制造业发展。三是产业技术升级面临发达国家封锁。技术创新是推进先进制造业发展的不竭动力。但河北省制造业核心技术发展仍然落后，在汽车发动机、钢铁等行业核心技术专利分布仍处于低位且屡遭技术封锁，严重阻碍了自主创新能力的提升。

# 第二节　河北省现代服务业发展现状分析

服务业的加快发展是国家现代化的一般规律，经济发展的过程中必然伴随着产业结构的演进。近年来，国务院、党中央高度重视服务业发展，出台一系列政策鼓励支持服务业整体提升。服务业经济的快速发展，产业结构的不断优化和升级，吸纳了大量的就业，推动了经济整体的高速增长。

## 一、河北省现代服务业发展现状分析

### （一）河北省现代服务业增加值分析

从服务业增加值来看，2022 年河北省传统服务业中，批发和零售业增加值为 3429.1 亿元，交通运输、仓储和邮政业增加值为 3013.3 亿元，住宿和餐饮业增加值为 358.3 亿元；现代服务业中，金融业增加值为 2931.8 亿元，房地产业增加值 2403.1 亿元，信息传输、软件和信息技术服务业增加值为 914.4 亿元。① 从增加值数据来看，首先，传统服务业增

---

① 河北省统计局、国家统计局河北调查总队．河北省统计年鉴 2023 ［M］．中国统计出版社，http：//tjj．hebei．gov．cn/hetj/tjnj/2023/zk/indexch．htm．

加值占据服务业增加值的主体地位，现代服务业增加值占据次要地位。这说明河北省着力推动现代服务业发展的政策应当继续深化落实，在维持传统服务业整体水平的前提下，继续推进现代服务业发展。其次，服务业中，中小微企业增加值占据主体地位，规模以上企业居于次要地位。这说明在服务业领域，中小微企业占据市场的主体地位，要持续推动服务业发展、现代服务业水平的提升，就应当着重关注中小微企业的发展现状与营商环境。最后，河北省作为交通运输枢纽的重要战略地位凸显，物流业增加值超过房地产业与金融业。河北省逐步承接北京非首都功能的转移，推动交通运输等行业的快速发展，这对于河北省未来多产业、多动能共同推动经济发展，促进服务业水平提升具有重要推进意义。

（二）河北省现代服务业固定资产投资

从河北省现代服务业固定资产投资增加值来看（见表3-3），2013~2022年，房地产业固定资产投资额远远超过其他产业，水利、环境和公共设施管理业固定资产投资额增幅最高，金融业以最小的固定资产投资额，创造相对其固定资产投资额的最高的增加值。

表3-3　　河北省现代服务业2013~2022年固定资产投资情况　　单位：亿元

| 现代服务业 | 2013年 | 2014年 | 2015年 | 2016年 | 2017年 | 2018年 | 2019年 | 2020年 | 2021年 | 2022年 |
|---|---|---|---|---|---|---|---|---|---|---|
| 批发和零售业 | 815.50 | 875.90 | 967.40 | 851.70 | 795.30 | 913.80 | 830.60 | 675.30 | 574.00 | 625.70 |
| 交通运输、仓储和邮政业 | 2094.30 | 2025.90 | 2035.70 | 2081.30 | 2116.30 | 2581.90 | 2646.40 | 3048.70 | 2387.10 | 2606.70 |
| 信息传输、软件和信息技术服务业 | 115.60 | 133.50 | 147.20 | 239.10 | 327.40 | 275.34 | 509.94 | 561.44 | 689.40 | 954.20 |
| 金融业 | 44.40 | 25.90 | 47.90 | 93.10 | 58.80 | 43.81 | 19.71 | 17.39 | 34.00 | 22.80 |
| 房地产业 | 4547.30 | 5120.40 | 5287.80 | 5469.70 | 5526.40 | 5189.29 | 5230.80 | 5952.65 | 6988.40 | 6806.70 |
| 租赁和商务服务业 | 311.50 | 320.40 | 416.90 | 501.00 | 556.80 | 961.59 | 1401.04 | 1217.51 | 1165.20 | 2219.60 |

| 现代服务业 | 2013 年 | 2014 年 | 2015 年 | 2016 年 | 2017 年 | 2018 年 | 2019 年 | 2020 年 | 2021 年 | 2022 年 |
|---|---|---|---|---|---|---|---|---|---|---|
| 科学研究和技术服务业 | 147.80 | 207.60 | 185.60 | 351.80 | 426.80 | 548.86 | 560.94 | 512.14 | 509.10 | 513.10 |
| 水利、环境和公共设施管理业 | 1489.70 | 1865.90 | 2219.20 | 2705.90 | 3554.20 | 3436.91 | 4423.30 | 4967.37 | 5161.10 | 5274.60 |
| 居民服务、修理和其他服务业 | 59.50 | 56.80 | 87.20 | 93.90 | 99.60 | 66.13 | 60.38 | 80.91 | 47.40 | 78.50 |
| 教育业 | 196.50 | 254.60 | 260.30 | 325.30 | 317.80 | 495.770 | 785.30 | 848.91 | 1012.70 | 893.20 |
| 卫生和社会工作 | 146.90 | 231.70 | 261.30 | 316.40 | 334.90 | 517.09 | 508.81 | 670.11 | 855.70 | 1123.60 |
| 文化、体育和娱乐业 | 329.30 | 362.80 | 461.50 | 461.70 | 511.20 | 572.03 | 664.70 | 848.16 | 638.70 | 560.10 |
| 公共管理、社会保障和社会组织业 | 195.50 | 184.10 | 106.80 | 188.90 | 210.50 | 305.23 | 557.95 | 550.70 | 179.00 | 151.10 |

资料来源：根据《河北省统计年鉴》整理。

## 二、河北省现代服务业发展成效

综合已有研究对现代服务业的理解，本书将现代服务业定义为：以现代科学技术特别是信息网络技术为主要支撑，建立在新的商业模式、服务方式和管理方法基础上的服务产业。它既包括随着技术发展而产生的新兴服务业态，也包括运用现代技术进行改造和升级的传统服务业。现代服务业大体分为以下十三类：批发和零售业；交通运输、仓储和邮政业；信息传输、软件和信息技术服务业；金融业；房地产业；租赁和商务服务业；科学研究和技术服务业；水利、环境和公共设施管理业；居民服务、修理和其他服务业；教育业；卫生和社会工作业；文化、体育和娱乐业；公共管理、社会保障和社会组织业。现代服务业大体相当于现代第三产业，具有"两新四高"的时代特征，即新服务领域、新服务模式；高文化品位和高技术含量、高增值服务、高素质高智力的人力资源结构、高感情高精神享受的消费服务质量。

（一）发展环境持续优化

河北省高度重视现代服务业发展，出台《河北省现代服务业发展项目管理办法》，致力于发展新兴服务经济，支持跨界融合新业态，壮大现代物流，充分发挥现代服务业促进河北省产业结构优化升级和提高人民生活水平的引导支撑作用。在政策带动作用下，河北省现代服务业增加值持续稳步上升，2022年首破2万亿元大关，发展势头强劲（见图3－4）。

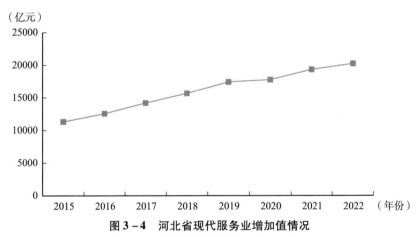

（亿元）

图3－4　河北省现代服务业增加值情况

资料来源：根据《河北省统计年鉴》整理。

（二）产业结构逐步优化

2022年，河北省全年规模以上服务业企业营业收入同比增长3.1%，营业利润下降29.1%。金融业增加值为2931.8亿元，同比增长6.7%；信息传输、软件和信息技术服务业增加值为914.4亿元，同比增长9.3%，总体占比情况从2015年的18%上升至2022年的22.6%（见图3－5）；高新技术产品出口261.4亿元，同比增长12.7%；全省规模以上工业非化石能源发电量814.2亿千瓦时，同比增长18.5%。尽管整体服务业营业利润受到影响，但河北省现代服务业的产业结构仍然在优化升级的进程中，薄弱产业、高科技产业呈良好态势。

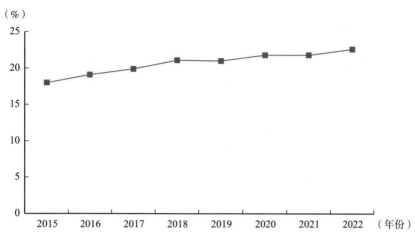

**图 3 - 5 河北省金融业、信息传输、软件和信息技术业增加值占比情况**
资料来源：根据《河北省统计年鉴》整理。

### （三）要素聚集程度加快

基于京津冀协同发展生态圈，河北省充分发挥面积大、人口资源丰富的特点和优势，转化京津冀发展成果，大力发展产业化园区，既可以促进河北省现代服务业所需要的配套设施建设，又能够吸引创新型人才、研究机构，间接提高资本关注度，为河北省现代服务业长久稳定增长注入新鲜血液。

## 三、河北省现代服务业发展的瓶颈

实施"十三五"规划和"十四五"规划以来，河北省现代服务业的发展有了长足进步，但其发展仍然处于滞后状态，还存在诸多限制河北省现代服务业发展的瓶颈。

### （一）发展水平仍然较低

2022 年河北省现代服务业增加值占 GDP 比重为 49.5%，低于山东省的 52.8%，远低于广东省的 65.9%。根据已有统计，2022 年河北省百强企业中制造业企业占有绝对比重，仅有 18 家服务业企业，且服务业企业存在缺乏规模效应、技术及业态缺乏创新、对外开放程度不足等问题。总体来看，河北省现代服务业起步晚，发展慢，尚未形成规模，缺乏竞争力，大企业大项目较少，辐射带动作用有限。

## （二）结构仍然不合理

从河北省现代服务业内部结构来看，即使发展潜力较大的金融业、科学研究和技术服务业近些年连续增长，但所占比重仍然较小，交通运输、仓储和邮政业以及批发零售业仍然占据很大比例。这些传统产业缺乏技术要素支持，对产业发展经济增长的正效应是有限的，只有依靠高新技术的潜力产业，行业发展与社会经济才能形成良性增长关系。这种不均衡的结构严重制约了河北省现代服务业的发展。

## （三）从业人员素质有待提高

河北省现代服务业长期以来依赖劳动的投入，科技和知识含量并不高，因此产业的竞争力偏弱。河北省现代服务业技术创新能力不足、科技含量低，对研发、软件与信息服务、金融保险、财务等服务需求不旺，服务水平不够高，这反过来又限制了现代服务业发展，形成低水平循环，只能在低端服务上进行重复性劳动投入与恶性竞争。

# 第四章 河北省现代服务业与先进
制造业协同发展现状分析

党的二十大报告指出，要构建优质高效的服务业新体系，推动现代服务业同先进制造业深度融合，要坚持把发展经济的着力点放在实体经济上，加快建设制造强国、质量强国、航天强国、交通强国、网络强国、数字中国。对河北省现代服务业与先进制造业协同发展现状以及融合程度，本书首先从河北省现代服务业与先进制造业增加值以及其他发展相关指标的角度加以分析；其次，借助投入产出表，对河北省现代服务业与先进制造业融合程度以及发展方向进行深入分析；最后，与国内先进省份现代服务业和先进制造业融合程度进行对比分析。

## 第一节 河北省现代服务业与先进制造业
协同发展分析

投入产出表能够反应国民经济各部门在一定时期内生产过程中的互相联系，借助于投入产出表，可以分别从现代服务业和先进制造业的角度，分析其在经济生产过程中作为中间投入，参与其他产业生产活动的情况。本书借鉴袁金星（2019）的做法，对现代服务业中先进制造业中间投入程度，以先进制造业中所有细分行业作为中间投入占现代服务业某一行业总产出比重的加总来衡量；对先进制造业中现代服务业中间投入程度，以先进制造业某一行业总产出中，现代服务业所有细分行业作为中间投入所占比重的加总来衡量。

截至 2024 年 4 月，河北省级投入产出表共有 2002 年、2007 年、2012 年、2015 年和 2017 年 5 个年份的数据。其中 2015 年为全国跨省投入产出表，其余 4 个投入产出表均为省内投入产出表数据，因此对 2015 年的数据，本书不予考虑。目前所有省级投入产出表均为 42 部门数据，但不同年份对部门之间划分与统计口径并不完全相同，因而本书在此设定统一规则来对数据进行划分汇总。

先进制造业的部分，本书以《新产业新业态新商业模式统计分类 (2018)》作为划分标准，先进制造业产业主要包括代码为 0201（新一代信息技术设备制造）至 0214（节能环保设备和产品制造）的 14 个行业中类；再结合《国民经济行业分类》（GB/T 4754—2017）进行具体分类，将医药制造业（C27），非金属矿物制品业（C30），有色金属冶炼和压延加工业（C32），通用设备制造业（C34），专用设备制造业（C35），汽车制造业（C36），铁路、船舶、航空航天和其他运输设备制造业（C37），电气机械和器材制造业（C38），计算机、通信和其他电子设备制造业（C39），仪器仪表制造业（C40）共 10 个行业设定为先进制造业。此外，根据各统计年鉴数据分类的变化，2012 ~ 2022 年"汽车制造业"（C36）与"铁路、船舶、航空航天和其他运输设备制造业"（C37）合并为"交通运输设备制造业"进行数据测算。具体见表 4 - 1。

表 4 - 1　　　　　　　　先进制造业与现代服务业的分类

| 序号 | 先进制造业分类 | 现代服务业分类 |
|---|---|---|
| 1 | 医药制造业 | 批发和零售 |
| 2 | 非金属矿物制品 | 交通运输、仓储和邮政业 |
| 3 | 有色金属冶炼和压延加工业 | 信息传输、软件和信息技术服务业 |
| 4 | 通用、专用设备制造业 | 金融业 |
| 5 | 交通运输设备制造业 | 房地产业 |
| 6 | 电气机械及器材制造业 | 租赁和商务服务业 |
| 7 | 通信设备、计算机及其他电子设备制造业 | 科学研究和技术服务业 |
| 8 | 仪器仪表制造业 | 水利、环境和公共设施管理业 |
| 9 | — | 居民服务、修理和其他服务业 |
| 10 | — | 教育业 |
| 11 | — | 卫生和社会工作业 |

| 序号 | 先进制造业分类 | 现代服务业分类 |
|---|---|---|
| 12 | — | 文化、体育和娱乐业 |
| 13 | — | 公共管理、社会保障和社会组织业 |

资料来源：笔者整理。

现代服务业的界定方面，参考学术界普遍采用的处理方式，本书将生产性服务业中的产业作为现代服务业的研究对象，以生产性服务业统计分类（2019）为标准，选择《国民经济行业分类》（GB/T 4754—2017）中批发和零售业（F），交通运输、仓储和邮政业（G），信息传输、软件和信息技术服务业（I），金融业（J），房地产业（K），租赁和商务服务业（L），科学研究和技术服务业（M），水利、环境和公共设施管理业（N），居民服务、修理和其他服务业（O），教育业（P），卫生和社会工作业（Q），文化、体育和娱乐业（R），公共管理、社会保障和社会组织业（S）共13大门类作为现代服务业进行研究。具体见表4-1。

目前我国最核心的区域化经济圈主要有京津冀地区、长三角地区以及粤港澳大湾区地区。其中京津冀一体化是我国于2014年提出的，通过北京市的辐射作用，以及北京市与天津市的双城联动发展，构建互联互通的现代交通网络体系，协同打造合作示范区、交通市场一体互联、产业发展错位互补、以首都为核心的世界级城市群。长江三角洲地区是中国经济发展最活跃、开放程度最高、创新能力最强的区域之一，其在国家现代化建设和全方位开放中扮演着举足轻重的角色。推动长三角地区一体化发展，提高其创新能力和竞争能力，以及增强经济集聚度、区域连接性和政策协同效率，对引领全国高质量发展、建设现代化经济体系都具有重要意义。粤港澳大湾区是以习近平同志为核心的党中央作出的重大决策，是习近平总书记亲自谋划、亲自部署、亲自推动的国家战略，也是推动"一国两制"事业发展的新实践。粤港澳大湾区对中国的意义在于，它是中国全面深化改革、扩大开放的重要战略布局之一。这一区域集聚了中国最活跃、最具创新力和竞争力的经济力量，是中国打造世界一流城市群和推动高质量发展的重要窗口。同时，粤港澳大湾区还是"一带一路"建设的重要组成部分，具有重要的国际影响力。三大核心区域化经济圈的发展对我国经济发展起到举足轻重的作用，河北省恰好属于三大经济圈中京津冀一体化的范围。因此，本书首先对河北省现代服务业与先进制造业协同发展现状进行分析；其次，选取河北省所在的京津冀地区的北京市与天津市、长三角地区的江苏省与浙江省、粤港澳大湾区的广东省等 5 个经济发展先进省份作为比较对象，分析 5 个省份的现代服务业与先进制造业协同发展现状；最后，对河北省与其他 5 个省份现代服务业与先进制造业协同发展情况进行比较分析，进一步揭示出河北省"两业"协同发展与先进省份发展存在的差距及努力发展的方向。

## 一、河北省现代服务业与先进制造业增加值率的变化

本小节根据河北省投入产出表中某行业的增加值占该行业总产出的比重，计算得出河北省 2002～2017 年现代服务业与先进制造业的增加值率，结果见表 4－2 和表 4－3。从表中可以看出，河北省现代服务业的增加值率远高于先进制造业，尤其是在 2012 年，河北省批发和零售业的增加值率最高，达到 81.42%。2002～2017 年，河北省现代服务业中有 8 个行业增加值率都出现下降趋势，分别为交通运输、仓储和邮政业，信息传输、软件和信息技术服务业，租赁和商务服务业，科学研究和技术服务业，居民服务、修理和其他服务业，教育业，卫生和社会工作业，文化、体育和娱乐业，其中科学研究和技术服务业的增加值率下降幅度最大，达到 37.12%。再看河北省先进制造业的增加值变化情况，2002～2017 年，除仪器仪表制造业外，河北省先进制造业各行业增加值率均在下降，但降低幅度小于现代服务业增加值率的下降幅度。

表 4－2　　　　2002～2017 年河北省现代服务业增加值率的变化　　　单位：%

| 行业 | 2002 年 | 2007 年 | 2012 年 | 2017 年 |
|------|---------|---------|---------|---------|
| 批发和零售业 | 45.19 | 65.26 | 81.42 | 65.27 |
| 交通运输、仓储和邮政业 | 52.35 | 47.40 | 45.82 | 44.57 |
| 信息传输、软件和信息技术服务业 | 57.86 | 40.02 | 51.09 | 41.31 |
| 金融业 | 59.73 | 58.79 | 53.07 | 61.59 |
| 房地产业 | 57.15 | 82.37 | 78.25 | 63.89 |

续表

| 行业 | 2002 年 | 2007 年 | 2012 年 | 2017 年 |
|---|---|---|---|---|
| 租赁和商务服务业 | 63.39 | 39.74 | 40.24 | 33.86 |
| 科学研究和技术服务业 | 67.86 | 37.35 | 42.93 | 30.74 |
| 水利、环境和公共设施管理业 | — | 59.57 | 68.83 | 63.68 |
| 居民服务、修理和其他服务业 | 66.04 | 50.17 | 44.28 | 35.18 |
| 教育业 | 75.57 | 56.06 | 68.84 | 67.71 |
| 卫生和社会工作业 | 56.19 | 39.53 | 56.74 | 36.35 |
| 文化、体育和娱乐业 | 73.19 | 49.84 | 53.68 | 47.99 |
| 公共管理、社会保障和社会组织业 | 47.45 | 57.13 | 57.34 | 52.89 |

注：2002 年河北省投入产出表未统计水利、环境和公共设施管理业数据。

资料来源：根据 2002~2017 年河北省投入产出表计算得出。

表4-3　　　　　2002~2017 年河北省先进制造业增加值率的变化　　单位：%

| 行业 | 2002 年 | 2007 年 | 2012 年 | 2017 年 |
|---|---|---|---|---|
| 非金属矿物制品 | 28.39 | 25.40 | 26.42 | 25.23 |
| 有色金属冶炼和压延加工业 | 28.07 | 19.38 | 19.80 | 24.02 |
| 通用、专用设备制造业 | 34.66 | 27.64 | 27.01 | 24.59 |
| 交通运输设备制造业 | 31.05 | 19.24 | 27.84 | 26.77 |
| 电气机械及器材制造业 | 28.07 | 25.49 | 17.71 | 19.20 |
| 通信设备、计算机及其他电子设备制造业 | 37.31 | 30.72 | 27.49 | 32.30 |
| 仪器仪表制造业 | 17.88 | 35.38 | 28.76 | 29.03 |

注：投入产出表未单独统计医药制造业的数据。

资料来源：根据 2002~2017 年河北省投入产出表计算得出。

## 二、河北省先进制造业中现代服务业投入程度的变化

表4-4 为河北省 2002~2017 年先进制造业各行业中现代服务业的投入程度，从结果可以看出，2002 年，河北省非金属矿物制品业中现代服务业的投入最高，达到 16.66%，但各行业的现代服务业投入程度相差不大，投入程度最低的是通用、专用设备制造业，为 10.28%。2017 年，河

北省先进制造业各行业中现代服务业投入程度最高的仍是非金属矿物制品业，达到10.64%，最低的是通信设备、计算机及其他电子设备制造业，达到7.81%。2002~2007年，河北省先进制造业的现代服务业投入程度均在下降，其中下降幅度最大的是有色金属冶炼和压延加工业，下降了6.85个百分点；2007~2012年，除电气机械及器材制造业外，河北省其他先进制造业的现代服务业投入程度均在下降，其中下降幅度最大的是交通运输设备制造业，下降了3.06个百分点，而电气机械及器材制造业的现代服务业投入程度增加了2.14个百分点；2012~2017年，河北省先进制造业各行业的现代服务业投入程度均呈上升趋势，上升幅度最大的是交通运输设备制造业，达到了6.17个百分点。

表4-4　2002~2017年河北省先进制造业中现代服务业投入程度的变化　单位：%

| 行业 | 2002年 | 2007年 | 2012年 | 2017年 |
|---|---|---|---|---|
| 非金属矿物制品业 | 16.66 | 11.00 | 7.19 | 10.64 |
| 有色金属冶炼和压延加工业 | 15.28 | 8.43 | 7.05 | 9.72 |
| 通用、专用设备制造业 | 10.28 | 8.51 | 6.52 | 10.33 |
| 交通运输设备制造业 | 12.43 | 7.06 | 4.00 | 10.17 |
| 电气机械及器材制造业 | 11.28 | 7.25 | 9.39 | 10.00 |
| 通信设备、计算机及其他电子设备制造业 | 13.39 | 7.41 | 5.15 | 7.81 |
| 仪器仪表制造业 | 15.29 | 10.89 | 7.40 | 13.23 |

注：投入产出表未单独统计医药制造业的数据。
资料来源：根据2002~2017年河北省投入产出表计算得出。

## 三、河北省现代服务业中先进制造业投入程度的变化

从表4-5中可以看出，除科学研究和技术服务业外，河北省其他现代服务业中先进制造业的投入程度都在下降，且大部分产业的下降幅度较大。2002~2007年，河北省科学研究和技术服务业、卫生和社会工作业与信息传输、软件和信息技术服务业3个产业的先进制造业投入程度还出现了较大的增长，而在2007~2012年，除了交通运输、仓储和邮政业与租赁和商务服务业呈现极小幅度增长外，其余现代服务业的先进制造业投入

程度均在下降。截至 2017 年，河北省现代服务业中先进制造业的投入程度均呈现下降的态势，批发和零售业的先进制造业投入程度仅为 0.18%。

表 4 - 5 河北省现代服务业中先进制造业投入程度的变化 单位：%

| 行业 | 2002 年 | 2007 年 | 2012 年 | 2017 年 |
|---|---|---|---|---|
| 批发和零售业 | 2.74 | 2.57 | 0.12 | 0.18 |
| 交通运输、仓储和邮政业 | 15.21 | 2.28 | 2.51 | 1.16 |
| 信息传输、软件和信息技术服务业 | 12.09 | 19.51 | 13.55 | 9.77 |
| 金融业 | 3.14 | 1.74 | 1.58 | 0.83 |
| 房地产业 | 3.13 | 2.02 | 0.19 | 0.84 |
| 租赁和商务服务业 | 2.30 | 1.33 | 2.31 | 1.40 |
| 科学研究和技术服务业 | 4.29 | 15.98 | 8.63 | 5.44 |
| 水利、环境和公共设施管理业 | — | 8.20 | 1.49 | 1.01 |
| 居民服务、修理和其他服务业 | 4.31 | 4.32 | 4.24 | 2.00 |
| 教育业 | 2.63 | 5.78 | 1.64 | 1.37 |
| 卫生和社会工作业 | 20.95 | 26.78 | 1.66 | 2.06 |
| 文化、体育和娱乐业 | 2.12 | 3.06 | 1.03 | 0.75 |
| 公共管理、社会保障和社会组织业 | 2.94 | 1.32 | 0.62 | 0.91 |

注：2002 年投入产出表未统计水利、环境和公共设施管理业数据。

资料来源：根据 2002～2017 年河北省投入产出表计算得出。

## 第二节 国内先进省份现代服务业与先进制造业协同发展分析

### 一、北京市与天津市现代服务业与先进制造业中间投入分析

#### （一）北京市先进制造业服务投入程度的变化

北京市 2002～2017 年先进制造业的现代服务投入程度计算结果见表 4 - 6。从表中可以看出，2002～2017 年，除有色金属冶炼和压延加工

业外，北京市其他先进制造业中现代服务业的投入程度均在增加，其中投入程度增加最大的是通信设备、计算机及其他电子设备制造业，增加了6.76个百分点，而有色金属冶炼和压延加工业的现代服务投入程度下降了7.93个百分点。2002～2007年，北京市先进制造业中现代服务业投入程度均出现下降态势，有色金属冶炼和压延加工业的下降幅度最大，下降了5.16个百分点。2007～2012年，北京市非金属矿物制品业与有色金属冶炼和压延加工业中现代服务业投入程度出现小幅下降，分别降低了1.1个百分点和1.51个百分点，其余五大产业的现代服务业投入程度均增加，通用、专用设备制造业增加了4.4个百分点，交通运输设备制造业增加了4个百分点，通信设备、计算机及其他电子设备制造业增加了0.65个百分点，仪器仪表制造业增加了1.94个百分点。2012～2017年，北京市有色金属冶炼和压延加工业中现代服务业的投入程度出现了小幅下降，降低了1.26个百分点，其余6大产业的现代服务业投入程度均有较大幅度提升，通信设备、计算机及其他电子设备制造业中现代服务业投入程度增加幅度最大，增加了10.72个百分点。

表4-6　2002～2017年北京市先进制造业中现代服务业投入程度的变化 单位：%

| 行业 | 2002 年 | 2007 年 | 2012 年 | 2017 年 |
|---|---|---|---|---|
| 非金属矿物制品业 | 16.86 | 13.79 | 12.69 | 19.25 |
| 有色金属冶炼和压延加工业 | 13.28 | 8.12 | 6.61 | 5.35 |
| 通用、专用设备制造业 | 15.33 | 12.43 | 16.83 | 20.57 |
| 交通运输设备制造业 | 11.54 | 10.65 | 14.65 | 18.08 |
| 电气机械及器材制造业 | 17.03 | 13.80 | 15.83 | 23.37 |
| 通信设备、计算机及其他电子设备制造业 | 18.97 | 14.36 | 15.01 | 25.73 |
| 仪器仪表制造业 | 18.73 | 14.87 | 16.81 | 21.59 |

注：投入产出表未单独统计医药制造业的数据。
资料来源：根据2002～2017年北京市投入产出表计算得出。

## （二）北京市现代服务业中先进制造业投入程度的变化

北京市2002～2017年现代服务业中先进制造业投入程度的计算结果

见表 4 - 7。从表中可以看出，2002 ~ 2017 年，北京市批发和零售业中先进制造业投入程度出现了极小程度的增加，增加了 0.06 个百分点，科学研究和技术服务业中先进制造业投入程度增加了 4.08 个百分点，而北京市现代服务业其他行业中先进制造业投入程度均呈下降态势。此外，2017年，北京市金融业，房地产业，教育业，文化、体育和娱乐业，公共管理、社会保障和社会组织业 5 大产业中先进制造业的投入程度还不足 1 个百分点。与先进制造业中现代服务业的投入程度相比，北京市现代服务业中先进制造业的投入程度极低。

表 4 - 7　2002 ~ 2017 年北京市现代服务业中先进制造业投入程度的变化 单位：%

| 行业 | 2002 年 | 2007 年 | 2012 年 | 2017 年 |
|---|---|---|---|---|
| 批发和零售业 | 3.50 | 1.69 | 2.72 | 3.56 |
| 交通运输、仓储和邮政业 | 11.04 | 7.97 | 3.23 | 2.68 |
| 信息传输、软件和信息技术服务业 | 15.93 | 32.93 | 20.15 | 10.91 |
| 金融业 | 2.77 | 1.00 | 0.72 | 0.35 |
| 房地产业 | 2.62 | 1.29 | 1.08 | 0.42 |
| 租赁和商务服务业 | 2.79 | 10.09 | 2.29 | 1.21 |
| 科学研究和技术服务业 | 5.37 | 23.38 | 17.29 | 9.45 |
| 水利、环境和公共设施管理业 | — | 5.10 | 9.01 | 4.39 |
| 居民服务、修理和其他服务业 | 12.88 | 21.68 | 16.42 | 11.24 |
| 教育业 | 3.83 | 5.70 | 2.06 | 0.95 |
| 卫生和社会工作业 | 4.04 | 3.62 | 14.56 | 2.41 |
| 文化、体育和娱乐业 | 1.43 | 5.32 | 0.44 | 0.58 |
| 公共管理、社会保障和社会组织业 | 4.31 | 3.19 | 0.75 | 0.57 |

注：2002 年投入产出表未统计水利、环境和公共设施管理业数据。

资料来源：根据 2002 ~ 2017 年北京市投入产出表数据计算得出。

（三）天津市先进制造业服务投入程度的变化

天津市 2002 ~ 2017 年先进制造业的现代服务投入程度计算结果见表 4 - 8。2002 ~ 2017 年，天津市先进制造业各行业中现代服务业的投入程度波动较小，有色金属冶炼和压延加工业的现代服务业投入程度增加了1.01个百分点，其余先进制造业各行业的投入程度均下降，非金属矿物制品业中现代服务业投入程度降低了6.6个百分点，通用、专用设备制造业的投入程度降低了0.34个百分点，交通运输设备制造业的投入程度降低了1.46个百分点，电气机械及器材制造业的投入程度降低了4.47个百分点，通信设备、计算机及其他电子设备制造业的投入程度降低了0.30个百分点，仪器仪表制造业的投入程度降低了2.69个百分点。

表4-8　2002~2017年天津市先进制造业中现代服务业投入程度的变化 单位：%

| 行业 | 2002年 | 2007年 | 2012年 | 2017年 |
|---|---|---|---|---|
| 非金属矿物制品业 | 23.21 | 18.36 | 12.45 | 16.61 |
| 有色金属冶炼和压延加工业 | 11.48 | 18.84 | 7.82 | 12.49 |
| 通用、专用设备制造业 | 15.41 | 15.39 | 10.35 | 15.07 |
| 交通运输设备制造业 | 12.87 | 21.33 | 7.39 | 11.41 |
| 电气机械及器材制造业 | 16.24 | 16.20 | 10.08 | 11.77 |
| 通信设备、计算机及其他电子设备制造业 | 10.99 | 19.29 | 9.53 | 10.69 |
| 仪器仪表制造业 | 17.90 | 23.93 | 9.94 | 15.21 |

注：投入产出表未单独统计医药制造业的数据。
资料来源：根据2002~2017年天津市投入产出表计算得出。

（四）天津市现代服务业中先进制造业投入程度的变化

天津市2002~2017年现代服务业中先进制造业投入程度的计算结果见表4-9。从表中可以看出，天津市现代服务业各行业中先进制造业的投入程度略高于北京市。批发和零售业与居民服务、修理和其他服务业以及卫生和社会工作业的先进制造业投入程度出现下降，分别下降了23.35个百分点、36.10个百分点、12.93个百分点。信息传输、软件和信息技术服务业、租赁和商务服务业与科学研究和技术服务业的先进制造业投入程度增幅较大，分别增加了8.57个百分点、4.68个百分点、4.93个百分点。天津市现代服务业其余各行业的先进制造业投入程度变化幅度较小，交通运输、仓储和邮政业降低了0.71个百分点，金融业降低了1.90个百

分点，房地产业降低了 0.11 个百分点，水利、环境和公共设施管理业在
2007～2017 年增加了 0.66 个百分点，教育业降低了 0.29 个百分点，文
化、体育和娱乐业增加了 0.36 个百分点，公共管理、社会保障和社会组
织业降低了 0.29 个百分点。

表 4 - 9   2002～2017 年天津市现代服务业中先进制造业投入程度的变化 单位：%

| 行业 | 2002 年 | 2007 年 | 2012 年 | 2017 年 |
|---|---|---|---|---|
| 批发和零售业 | 24.23 | 0.91 | 0.68 | 0.88 |
| 交通运输、仓储和邮政业 | 11.06 | 9.58 | 8.75 | 10.35 |
| 信息传输、软件和信息技术服务业 | 1.57 | 9.85 | 15.13 | 10.14 |
| 金融业 | 2.11 | 0.75 | 0.72 | 0.21 |
| 房地产业 | 0.91 | 0.64 | 0.66 | 0.80 |
| 租赁和商务服务业 | 1.91 | 9.14 | 9.16 | 6.59 |
| 科学研究和技术服务业 | 3.34 | 16.04 | 7.44 | 8.27 |
| 水利、环境和公共设施管理业 | — | 4.07 | 1.66 | 4.73 |
| 居民服务、修理和其他服务业 | 39.38 | 8.17 | 1.53 | 3.28 |
| 教育业 | 1.55 | 5.79 | 2.19 | 1.26 |
| 卫生和社会工作业 | 15.96 | 20.57 | 20.04 | 3.03 |
| 文化、体育和娱乐业 | 1.89 | 4.52 | 4.35 | 2.25 |
| 公共管理、社会保障和社会组织业 | 0.73 | 1.18 | 1.14 | 0.44 |

注：2002 年投入产出表未统计水利、环境和公共设施管理业数据。
资料来源：根据 2002～2017 年天津市投入产出表数据计算得出。

## 二、江苏省与浙江省现代服务业与先进制造业中间需求与中间投入分析

### （一）江苏省先进制造业服务投入程度的变化

江苏省 2002～2017 年先进制造业的现代服务投入程度计算结果见
表 4 - 10。从表中可以看出，2002～2017 年，交通运输设备制造业的现代
服务业投入程度增幅较大，增加了 5.54 个百分点，其余先进制造业各行
业中现代服务业的投入程度增幅较小，增幅均在 1 个百分点左右。非金属
矿物制品业与有色金属冶炼和压延加工业的现代服务业投入程度在 2002～

2017 年呈现先下降后上升的趋势，但整体仍是下降的，下降幅度分别为
0.80 个百分点、0.02 个百分点，下降幅度较小。通用、专用设备制造业，
电气机械及器材制造业与仪器仪表制造业的现代服务业投入程度在 2002～
2017 年呈波动上升趋势，截至 2017 年，投入程度分别上升了 1.66 个百分
点、1.89 个百分点、2.54 个百分点。2002～2017 年，通信设备、计算机
及其他电子设备制造业中现代服务业的投入程度仅增加了 0.25 个百分点，
其中在 2002～2012 年，该行业的投入程度持续下降，2012 年该行业中现
代服务业的投入程度为 3.63%。

**表 4 - 10　2002～2017 年江苏省先进制造业中现代服务业投入程度的变化**　单位：%

| 行业 | 2002 年 | 2007 年 | 2012 年 | 2017 年 |
|---|---|---|---|---|
| 非金属矿物制品业 | 11.97 | 10.74 | 6.79 | 11.17 |
| 有色金属冶炼和压延加工业 | 8.22 | 6.48 | 2.79 | 8.20 |
| 通用、专用设备制造业 | 7.03 | 8.12 | 7.11 | 8.69 |
| 交通运输设备制造业 | 6.75 | 7.32 | 7.80 | 12.29 |
| 电气机械及器材制造业 | 6.19 | 7.15 | 6.15 | 8.08 |
| 通信设备、计算机及其他电子设备制造业 | 9.65 | 8.42 | 3.63 | 9.90 |
| 仪器仪表制造业 | 7.14 | 7.52 | 6.55 | 9.68 |

注：投入产出表未单独统计医药制造业的数据。
资料来源：根据 2002～2017 年江苏省投入产出表计算得出。

## （二）江苏省现代服务业中先进制造业投入程度的变化

江苏省 2002～2017 年现代服务业中先进制造业投入程度的计算结果
见表 4 - 11。从表中可以看出，2002～2017 年，江苏省现代服务业各行业
中先进制造业的投入程度变化幅度较大，且大部分产业呈下降态势。
2002～2007 年，租赁和商务服务业、科学研究和技术服务业以及居民服
务、修理和其他服务业的先进制造业投入程度大幅度增加，分别增加了
15.45 个百分点、12.16 个百分点、6.75 个百分点，其余各行业均出现下
降，其中批发和零售业、卫生和社会工作业与公共管理、社会保障和社会
组织业的下降幅度最大，分别降低了 6.38 个百分点、15.90 个百分点、

5.45 个百分点。2007～2012 年，江苏省卫生和社会工作业中先进制造业投入程度增加了 6.29 个百分点，增长幅度较大，其余现代服务业各行业的投入程度都在下降，其中下降幅度最大的是租赁和商务服务业，降低了 17.27 个百分点，其次是科学研究和技术服务业，下降了 9.07 个百分点。2012～2017 年，江苏省现代服务业各行业中先进制造业投入程度变化仍然较大，批发和零售业降低了 0.81 个百分点，交通运输、仓储和邮政业增加了 6.76 个百分点，信息传输、软件和信息技术服务业降低了 2.77 个百分点，金融业降低了 0.13 个百分点，房地产业降低了 0.12 个百分点，租赁和商务服务业增加了 4.75 个百分点，科学研究和技术服务业降低了 1.88 个百分点，水利、环境和公共设施管理业增加了 0.09 个百分点，居民服务、修理和其他服务业降低了 0.58 个百分点，教育业增加了 0.87 个百分点，卫生和社会工作业降低了 5.36 个百分点，文化、体育和娱乐业降低了 1.02 个百分点，公共管理、社会保障和社会组织业降低了 3.36 个百分点。

表 4 - 11　2002～2017 年江苏省现代服务业中先进制造业投入程度的变化　单位：%

| 行业 | 2002 年 | 2007 年 | 2012 年 | 2017 年 |
|---|---|---|---|---|
| 批发和零售业 | 8.47 | 2.09 | 1.00 | 0.19 |
| 交通运输、仓储和邮政业 | 11.98 | 9.12 | 2.21 | 8.97 |
| 信息传输、软件和信息技术服务业 | 24.11 | 17.01 | 11.36 | 8.59 |
| 金融业 | 1.96 | 1.24 | 1.12 | 0.99 |
| 房地产业 | 6.28 | 2.33 | 0.33 | 0.21 |
| 租赁和商务服务业 | 4.34 | 19.79 | 2.52 | 7.27 |
| 科学研究和技术服务业 | 6.35 | 18.51 | 9.44 | 7.56 |
| 水利、环境和公共设施管理业 | — | 9.93 | 2.66 | 2.75 |
| 居民服务、修理和其他服务业 | 4.59 | 11.34 | 7.94 | 7.36 |
| 教育业 | 4.80 | 4.07 | 1.31 | 2.18 |
| 卫生和社会工作业 | 21.61 | 5.71 | 12.00 | 6.64 |
| 文化、体育和娱乐业 | 5.24 | 3.24 | 1.18 | 0.16 |
| 公共管理、社会保障和社会组织业 | 9.16 | 3.71 | 3.51 | 0.15 |

注：2002 年投入产出表未统计水利、环境和公共设施管理业数据。

资料来源：根据 2002～2017 年江苏省投入产出表计算得出。

### （三）浙江省先进制造业服务投入程度的变化

浙江省 2002～2017 年先进制造业中现代服务业投入程度计算结果见表 4 - 12。2002～2017 年，浙江省非金属矿物制品业与有色金属冶炼和压延加工业两大产业中，现代服务业投入程度先降低后增加，整体分别增加了 2.98 个百分点、0.35 个百分点；通用、专用设备制造业中现代服务业投入程度持续下降，由 2002 年的 9.89% 下降到 2017 年的 7.25%，下降了 2.64 个百分点；交通运输设备制造业中现代服务业投入程度由 2002 年的 8.81% 增加至 2007 年的 9.23%，后持续下降，2007 年该投入程度为 5.95%，整体下降了 2.86 个百分点；电气机械及器材制造业中现代服务业投入程度由 2002 年的 11.48% 下降到 2012 年的 7.42%，2017 年又增加到 8.06%，2017 年相较于 2002 年，投入程度降低了 3.42 个百分点；通信设备、计算机及其他电子设备制造业中现代服务业投入程度呈现波动变化，整体下降了 0.71 个百分点；仪器仪表制造业中现代服务业投入程度的变化最为突出，由 2002 年的 9.93% 降低到 2012 年的 8.52%，2017 年迅猛增加到 21.74%。

表 4 - 12　2002～2017 年浙江省先进制造业中现代服务业投入程度的变化　单位：%

| 行业 | 2002 年 | 2007 年 | 2012 年 | 2017 年 |
|---|---|---|---|---|
| 非金属矿物制品业 | 12.99 | 12.29 | 15.50 | 15.97 |
| 有色金属冶炼和压延加工业 | 8.61 | 6.92 | 6.10 | 8.96 |
| 通用、专用设备制造业 | 9.89 | 9.71 | 8.25 | 7.25 |
| 交通运输设备制造业 | 8.81 | 9.23 | 6.98 | 5.95 |
| 电气机械及器材制造业 | 11.48 | 9.80 | 7.42 | 8.06 |
| 通信设备、计算机及其他电子设备制造业 | 9.84 | 10.27 | 8.17 | 9.13 |
| 仪器仪表制造业 | 9.93 | 9.91 | 8.52 | 21.74 |

注：投入产出表未单独统计医药制造业的数据。

资料来源：根据 2002～2017 年浙江省投入产出表计算得出。

## （四）浙江省现代服务业中先进制造业投入程度的变化

浙江省 2002～2017 年现代服务业中先进制造业投入程度计算结果见表 4－13。2002～2017 年，浙江省信息传输、软件和信息技术服务业与文化、体育和娱乐业中，先进制造业投入程度呈增长态势，分别增加了 2.59 个百分点、0.38 个百分点；其余各产业的投入程度均在下降，卫生和社会工作业的下降程度最大，降低了 22.15 个百分点；其次是居民服务、修理和其他服务业降低了 21.78 个百分点；交通运输、仓储和邮政业，科学研究和技术服务业与公共管理、社会保障和社会组织业的下降幅度同样较大，分别降低了 6.78 个百分点、15.98 个百分点、9.98 个百分点。同时，2017 年，除信息传输、软件和信息技术服务业以及科学研究和技术服务业的先进制造业投入程度较高，超过了 10%，分别为 11.43% 和 11.60%，浙江省现代服务业其余各产业的投入程度均较低，在 3% 以下，其中金融业、教育业以及公共管理、社会保障和社会组织业的先进制造业投入程度不足 1%，分别为 0.26%、0.25% 和 0.29%。

表 4－13　2002～2017 年浙江省现代服务业中先进制造业投入程度的变化　单位：%

| 行业 | 2002 年 | 2007 年 | 2012 年 | 2017 年 |
|---|---|---|---|---|
| 批发和零售业 | 1.72 | 1.30 | 0.09 | 1.30 |
| 交通运输、仓储和邮政业 | 8.37 | 7.88 | 3.59 | 1.59 |
| 信息传输、软件和信息技术服务业 | 8.84 | 25.18 | 12.60 | 11.43 |
| 金融业 | 1.33 | 0.66 | 0.76 | 0.26 |
| 房地产业 | 1.85 | 0.76 | 0.26 | 0.95 |
| 租赁和商务服务业 | 2.43 | 8.02 | 12.38 | 1.10 |
| 科学研究和技术服务业 | 27.58 | 8.18 | 13.74 | 11.60 |
| 水利、环境和公共设施管理业 | — | 1.84 | 2.75 | 1.84 |
| 居民服务、修理和其他服务业 | 23.61 | 3.10 | 4.00 | 1.83 |
| 教育业 | 5.35 | 8.99 | 2.57 | 0.25 |
| 卫生和社会工作业 | 25.74 | 26.36 | 13.99 | 3.59 |
| 文化、体育和娱乐业 | 1.88 | 10.54 | 4.03 | 2.26 |
| 公共管理、社会保障和社会组织业 | 10.27 | 0.91 | 2.13 | 0.29 |

注：2002 年投入产出表未统计水利、环境和公共设施管理业数据。

资料来源：根据 2002～2017 年浙江省投入产出表计算得出。

## 三、广东省现代服务业与先进制造业中间投入分析

### （一）广东省先进制造业服务投入程度的变化

广东省 2002~2017 年先进制造业中现代服务业的投入程度计算结果见表 4-14。2002~2017 年，广东省非金属矿物制品业中现代服务业投入程度变化幅度不大，仅增加了 0.20 个百分点，该产业在 2012 年出现了峰值，其现代服务业投入程度达到了 13.22%；通信设备、计算机及其他电子设备制造业中现代服务业投入程度在 2002~2012 年持续下降，由 6.98% 下降到 3.38%，后又增加至 6.09%，因此，2002~2017 年，该产业投入程度变化幅度同样较小，降低了 0.89 个百分点。2002~2017 年，有色金属冶炼和压延加工业与通用、专用设备制造业中现代服务业投入程度都在下降，分别降低了 2.55 个百分点、2.20 个百分点。交通运输设备制造业、电气机械及器材制造业与仪器仪表制造业中现代服务业投入程度在 2002~2017 年均呈现先下降后上升的态势，整体分别增加了 4.53 个百分点、1.84 个百分点、4.35 个百分点。

表 4-14　2002~2017 年广东省先进制造业中现代服务业投入程度的变化　单位：%

| 行业 | 2002 年 | 2007 年 | 2012 年 | 2017 年 |
|---|---|---|---|---|
| 非金属矿物制品业 | 11.39 | 10.79 | 13.22 | 11.59 |
| 有色金属冶炼和压延加工业 | 8.26 | 3.96 | 5.26 | 5.71 |
| 通用、专用设备制造业 | 11.33 | 6.96 | 8.31 | 9.13 |
| 交通运输设备制造业 | 6.93 | 5.32 | 7.87 | 11.46 |
| 电气机械及器材制造业 | 9.27 | 6.76 | 8.12 | 11.11 |
| 通信设备、计算机及其他电子设备制造业 | 6.98 | 5.54 | 3.38 | 6.09 |
| 仪器仪表制造业 | 5.68 | 3.51 | 5.97 | 10.03 |

注：投入产出表未单独统计医药制造业的数据。

资料来源：根据 2002~2017 年广东省投入产出表计算得出。

（二）广东省现代服务业中先进制造业投入程度的变化

广东省 2002~2017 年现代服务业中先进制造业投入程度计算结果见表 4-15。从表中可以看出，2002~2017 年，广东省租赁和商务服务业与居民服务、修理和其他服务业中先进制造业投入程度都在增加，分别增加了 3.63 个百分点、4.80 个百分点，其中租赁和商务服务业在 2012 年达到了一个峰值，投入程度达到了 18.29%；广东省现代服务业其余各行业的先进制造业投入程度均在下降，卫生和社会工作业的下降程度最大，降低了 23.61 个百分点，其次是信息传输、软件和信息技术服务业，降低了 10.12 个百分点。

表 4-15　2002~2017 年广东省现代服务业中先进制造业投入程度的变化　单位：%

| 行业 | 2002 年 | 2007 年 | 2012 年 | 2017 年 |
|---|---|---|---|---|
| 批发和零售业 | 1.02 | 4.41 | 3.00 | 0.29 |
| 交通运输、仓储和邮政业 | 6.86 | 12.96 | 13.29 | 1.49 |
| 信息传输、软件和信息技术服务业 | 13.96 | 15.07 | 12.59 | 3.84 |
| 金融业 | 1.72 | 0.13 | 0.67 | 0.08 |
| 房地产业 | 0.93 | 2.98 | 0.17 | 0.62 |
| 租赁和商务服务业 | 1.02 | 2.00 | 18.29 | 4.65 |
| 科学研究和技术服务业 | 7.77 | 31.08 | 3.93 | 4.53 |
| 水利、环境和公共设施管理业 | — | 7.58 | 0.79 | 0.43 |
| 居民服务、修理和其他服务业 | 3.87 | 5.97 | 2.01 | 8.67 |
| 教育业 | 3.00 | 0.97 | 2.74 | 0.58 |
| 卫生和社会工作业 | 24.48 | 14.37 | 4.71 | 0.87 |
| 文化、体育和娱乐业 | 1.91 | 5.40 | 0.80 | 0.62 |
| 公共管理、社会保障和社会组织业 | 3.36 | 2.45 | 0.06 | 0.09 |

注：2002 年投入产出表未统计水利、环境和公共设施管理业数据。

资料来源：根据 2002~2017 年广东省投入产出表计算得出。

# 第三节　河北省与其他省份"两业"协同发展比较分析

本小节根据前两节借助投入产出表对河北省、北京市、天津市、江苏省、浙江省和广东省"两业"协同发展现状的分析,对河北省与其他5个省份"两业"协同发展进行比较分析,得出结论。

## 一、河北省与其他5个省份先进制造业中现代服务业投入程度比较分析

2017年各省份先进制造业中现代服务业投入程度的对比分析见表4-16和图4-1。2017年,河北省先进制造业各产业中现代服务业的投入程度相当,投入程度最高的是仪器仪表制造业,达到13.23%,投入程度最低的是通信设备、计算机及其他电子设备制造业,为7.81%,其他5个产业中现代服务业的投入程度均在10%左右。其次,2017年,除仪器仪表制造业外,北京市先进制造业各产业中现代服务业的投入程度均高于其余5个省份;北京市仪器仪表制造业中现代服务业的投入程度略低于浙江省,投入程度分别为21.59%、21.74%。就非金属矿物制品业、交通运输设备制造业、电器机械及器材制造业、仪器仪表制造业以及通信设备、计算机及其他电子设备制造业5个产业的现代服务业投入程度而言,河北省与其他5个省份相比,投入程度较低,分别居第6位、第5位、第4位、第4位与第5位。河北省有色金属冶炼和压延加工业与通用、专用设备制造业中现代服务业投入程度与其他5个省份相比,投入程度较高,分别居第2位与第3位。

综上所述,2017年,河北省先进制造业中现代服务业投入程度整体水平不高,与国内先进省份相比,除个别产业外,大部分先进制造业的现代服务业投入程度均低于其他省份。因此,河北省不仅要提高本省较劣势产业的现代服务业的投入程度,较为优势的产业也要向先进省份学习,提高整体水平。

表4-16 2017年河北省与其他5省份先进制造业中
现代服务业投入程度比较

单位：%

| 行业 | 河北省 | 北京市 | 天津市 | 江苏省 | 浙江省 | 广东省 |
|---|---|---|---|---|---|---|
| 非金属矿物制品业 | 10.64 | 19.25 | 16.61 | 11.17 | 15.97 | 11.59 |
| 有色金属冶炼和压延加工业 | 9.72 | 5.35 | 12.49 | 8.20 | 8.96 | 5.71 |
| 通用、专用设备制造业 | 10.33 | 20.57 | 15.07 | 8.69 | 7.25 | 9.13 |
| 交通运输设备制造业 | 10.17 | 18.08 | 11.41 | 12.29 | 5.95 | 11.46 |
| 电气机械及器材制造业 | 10.00 | 23.37 | 11.77 | 8.08 | 8.06 | 11.11 |
| 通信设备、计算机及其他电子设备制造业 | 7.81 | 25.73 | 10.69 | 9.90 | 9.13 | 6.09 |
| 仪器仪表制造业 | 13.23 | 21.59 | 15.21 | 9.68 | 21.74 | 10.03 |

资料来源：根据2017年河北省、北京市、天津市、江苏省、浙江省、广东省投入产出表计算得出。

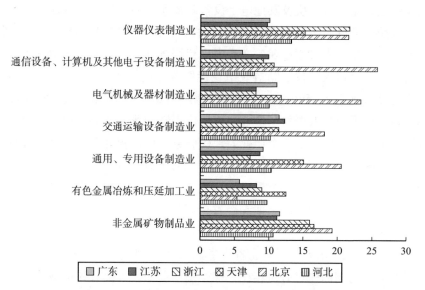

图4-1 2017年河北省与其他5个省份先进制造业中现代服务业投入程度比较

资料来源：根据2017年河北省、北京市、天津市、江苏省、浙江省、广东省投入产出表计算整理。

## 二、河北省与其他5个省份现代服务业中先进制造业投入程度比较分析

2017年各省份先进制造业中现代服务业投入程度的对比分析见表4－17和图4－2。2017年，河北省现代服务业各产业中先进制造业的投入程度相差较大，其中，投入程度最高的是信息传输、软件和信息技术服务业，达到9.77%；其次是科学研究和技术服务业，为5.44%；投入程度最低的是批发和零售业，为0.18%。与其他5个省份相比，河北省金融业，房地产业，文化、体育和娱乐业与公共管理、社会保障和社会组织业4个产业的先进制造业投入程度较高，分别居第2位、第2位、第3位和第1位；其他8个产业的先进制造业投入程度与其他5个省份相比则较低，批发和零售业与交通运输、仓储和邮政业的先进制造业投入程度均居第6位，科学研究和技术服务业，水利、环境和公共设施管理业，居民服务、修理和其他服务业，卫生和社会工作业的先进制造业投入程度均居第5位，信息传输、软件和信息技术服务业，租赁和商务服务业的先进制造业投入程度均居第4位。

表4－17 2017年河北省与其他5个省份现代服务业中先进制造业投入程度比

| 行业 | 河北省 | 北京市 | 天津市 | 江苏省 | 浙江省 | 广东省 |
|---|---|---|---|---|---|---|
| 批发和零售业 | 0.18 | 3.56 | 0.88 | 0.19 | 1.30 | 0.29 |
| 交通运输、仓储和邮政业 | 1.16 | 2.68 | 10.35 | 8.97 | 1.59 | 1.49 |
| 信息传输、软件和信息技术服务业 | 9.77 | 10.91 | 10.14 | 8.59 | 11.43 | 3.84 |
| 金融业 | 0.83 | 0.35 | 0.21 | 0.99 | 0.26 | 0.08 |
| 房地产业 | 0.84 | 0.42 | 0.80 | 0.21 | 0.95 | 0.62 |
| 租赁和商务服务业 | 1.40 | 1.21 | 6.59 | 7.27 | 1.10 | 4.65 |
| 科学研究和技术服务业 | 5.44 | 9.45 | 8.27 | 7.56 | 11.60 | 4.53 |
| 水利、环境和公共设施管理业 | 1.01 | 4.39 | 4.73 | 2.75 | 1.84 | 0.43 |
| 居民服务、修理和其他服务业 | 2.00 | 11.24 | 3.28 | 7.36 | 1.83 | 8.67 |

续表

| 行业 | 河北省 | 北京市 | 天津市 | 江苏省 | 浙江省 | 广东省 |
|---|---|---|---|---|---|---|
| 教育业 | 1.37 | 0.95 | 1.26 | 2.18 | 0.25 | 0.58 |
| 卫生和社会工作业 | 2.06 | 2.41 | 3.03 | 6.64 | 3.59 | 0.87 |
| 文化、体育和娱乐业 | 0.75 | 0.58 | 2.25 | 0.16 | 2.26 | 0.62 |
| 公共管理、社会保障和社会组织业 | 0.91 | 0.57 | 0.44 | 0.15 | 0.29 | 0.09 |

资料来源：根据2017年河北省、北京市、天津市、江苏省、浙江省、广东省投入产出表计算得出。

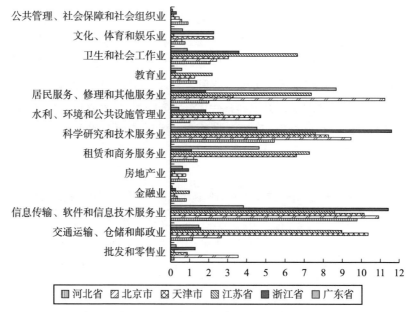

**图4-2　2017年河北省与其他5个省份现代服务业中先进制造业投入程度比较**

资料来源：根据2017年河北省、北京市、天津市、江苏省、浙江省、广东省投入产出表计算整理。

综上所述，2017年，河北省现代服务业中先进制造业的投入程度较低，部分产业的先进制造业投入程度不足1%，与国内先进省份相比，大部分现代服务业的先进制造业投入程度均低于其他省份，因此，河北省要加大力度促进先进制造业融入现代服务业发展。

# 第五章　河北省"两业"融合发展水平与制造业高质量发展水平测评

## 第一节　河北省"两业"融合发展水平测评

### 一、"两业"融合发展水平测算方法

目前，国内外对"两业"融合水平的测度均具有较成熟的方法，但测算方法与标准并不统一，使用较多的方法有 6 种。

（一）熵指数法

熵指数（Entropy Index，EI）最早被用来衡量企业间的多元化程度，在产业融合度研究中，该方法可以测度不同产业或者行业的分布情况。其计算公式为：

$$DT = \sum_i^n P_i \ln\left(\frac{1}{P_i}\right)$$

其中，$DT$ 表示总体多元化系数，$P_i$ 表示企业在 $i$ 行业的收入占比，$n$ 代表企业总数。

（二）专利系数法

专利系数法也可用来测度产业融合程度，通常被用来测算技术融合水平。其计算公式为：

$$TM_1 = \frac{P_{m \to s}}{P_m}$$

$$TM_2 = \frac{P_{s \to m}}{P_s}$$

其中，$TM_1$ 表示产业 $M$ 的技术正向融合系数，$P_{m \to s}$ 表示产业 $M$ 专利应用于产业 $S$ 的数量，$P_m$ 表示产业 $M$ 的专利总数；$TM_2$ 表示产业 $M$ 的技术反向融合系数，$P_{s \to m}$ 表示产业 $M$ 专利由产业 $S$ 发明的数量，$P_s$ 表示产业 $S$ 的专利总数。

### （三）赫芬达尔指数法

赫希曼—赫芬达尔指数（Herfindahl – Hirschman Index，HHI）的理论基础源于贝恩（Bain）的"结构—行为—绩效"理论（SCP 范式）。该指数起初用来反映市场结构，测算厂商的离散程度，后被用于测算产业融合度。其计算公式为：

$$HHI = \sum_{i=1}^{N} \left( \frac{X_i}{X} \right)^2$$

其中，$X_i$ 为行业中第 $i$ 个企业在某个指标中的数量，$X$ 表示该行业中该指标的总量。$HHI$ 为赫芬达尔指数，值越大，则融合水平越高，反之则越低。

### （四）灰色关联分析法

灰色关联分析法基于的灰色关联理论是控制科学与工程的教授邓聚龙于 1982 年创立的，该方法可以将系统离散的观测值通过线性插值等方法转为连续的序列，再根据序列曲线几何形状的相似程度判断不同序列之间的联系程度。因此，该方法对数据量要求不高，适用于研究数据少、获取信息不充分、变量间相关联系不确定的问题，其具体步骤为：第一，确定参考序列与比较序列；第二，对参考序列和比较序列进行无量纲化处理；第三，计算参考序列和比较序列的关联度系数；第四，计算各类关联系数的平均值，即为关联度。计算公式为：

$$\Delta_i(k) = \left| y(k) - x_i(k) \right|$$

$$\Delta(\min) = \min_i \min_k \Delta_i(k)$$

$$\Delta(\max) = \max_i \max_k \Delta_i(k)$$

$$\varepsilon_i = \frac{\Delta(\min) + \rho\Delta(\max)}{\Delta_i(k) + \rho\Delta(\max)}$$

$$\gamma_i = \frac{1}{N}\sum_{k=1}^{N}\varepsilon_i(k)$$

其中，$y$ 代表参考序列，$x_i$ 代表比较序列，$\Delta_i(k)$ 为比较数列中的每个值与参考序列中的每个值的绝对差值。$\Delta(\min)$ 和 $\Delta(\max)$ 分别代表两级最小差和两级最大差；$\rho$ 为分辨系数，值越小，分辨力越大，通常取 $\rho = 0.5$。$\varepsilon_i$ 代表关联系数，$\gamma_i$ 代表关联度。

（五）投入产出法

投入产出法由瓦里西·里昂惕夫（Wassily Leontief）在 1941 年提出，被广泛用于国民经济各部门间投入与产出的相互依存关系的分析，理论基础主要来自瓦尔拉斯（Léon Walras）的一般均衡理论，是一般均衡模型的简化。较多学者使用投入产出法测算产业融合度，计算公式为：

$$C = \frac{\frac{1}{2}(F_{a \to b} + D_{b \to a}) + \frac{1}{2}(F_{b \to a} + D_{a \to b})}{2}$$

$$D_{i \to j} = \frac{\sum_{i=1}^{n} x_{ij}}{\sum_{j=1}^{n} x_{ij} + Y_i} \quad (i = 1, 2, \cdots, n)$$

$$F_{j \to i} = \frac{\sum_{i=1}^{n} x_{ij}}{\sum_{i=1}^{n} x_{ij} + v_i} \quad (j = 1, 2, \cdots, n)$$

其中，$C$ 代表综合产业融合度，$D_{i \to j}$ 表示中间需求率，值越大，表示对中间需求的依赖性越强。$F_{j \to i}$ 表示中间投入率，指的是某一产业在生产过程中所需要的国民经济各产业中间投入与其总投入的比值，值的大小与产业带动能力成正比。$\sum_{i=1}^{n} x_{ij}$ 代表国民经济各产业对产业 $j$ 的中间需求之和，$Y_i$ 代表 $i$ 产业部门的最终需求，$(\sum_{j=1}^{n} x_{ij} + Y_i)$ 代表国民经济各产业对产业 $i$ 的中间需求与最终需求之和，也是产业 $i$ 的总产出；$v_j$ 代表 $j$ 产业部门的增加值，$(\sum_{i=1}^{n} x_{ij} + v_i)$ 代表国民经济各产业对产业 $j$ 的投入总和。

（六）耦合评价模型

耦合协调度模型是用来测量系统间相互依赖程度的模型，被用于分析不同产业间的协调发展水平。其中，耦合度是指两个或多个产业在空间逻辑上协调发展的正向关联程度；耦合协调度是衡量不同产业在耦合的时间逻辑上相互促进发展状况（王卉彤等，2014）。

**1. 耦合模型**

当研究对象包含多个子系统时，计算公式为：

$$C_n = n \left[ \frac{u_1 u_2 \cdots u_n}{\prod (u_i + u_j)} \right]^{\frac{1}{n}}$$

当研究对象包含两个子系统时，计算公式为：

$$C(u_1, u_2) = 2 \sqrt{\frac{u_1 u_2}{(u_1 + u_2)^2}}$$

其中，$u_1$、$u_2$ 表示两个子系统的综合发展水平，$C$ 表示系统耦合度，$C \in [0, 1]$。

**2. 耦合协调度模型**

耦合度只是在一定程度上反映了不同产业之间的关联程度，耦合协调度则全面地衡量各子系统之间的协调发展程度。计算公式为：

$$D(u_1, u_2) = \sqrt{C(u_1 u_2) \times T(u_1 u_2)}$$
$$T(u_1, u_2) = \alpha u_1 + \beta u_2$$

其中，$D$ 表示耦合协调度，$C$ 为耦合度，$T$ 表示综合协调指数，$\alpha$、$\beta$ 分别为两个系统的贡献系数，且 $\alpha + \beta = 1$。$D$ 值越大，系统间融合度越高，协调性越好。

## 二、"两业"融合发展水平评价指标体系构建

通过上一节的分析可知，已有研究对产业融合度测量方法的选择比较多样，也各有优劣。熵指数法可以直接反映出产业分布的多样性，并不能将其直接作为产业融合水平的判断指标，只能作为融合度的影子依据。专

利系数法需要事前得到所有相关行业连续多年的专利数据,具有一定难度,且专利融合度只能测度产业的技术融合度,无法顾及产品融合与市场融合。赫芬达尔指数法虽然具有较强的可操作性,但该方法过于简单,并不适合本书的需求。投入产出法能够很好地反映出部门之间的技术经济联系,但是,就中国投入产出表而言,时间序列并不连续,这给实证分析部分造成了极大的障碍。因此,为了测度出先进制造业、现代服务业最新的融合水平,并与后文形成对照统一的关系,笔者选择利用耦合协调模型测得的耦合协调度进行量化。

关于先进制造业和现代服务业的具体划分标准和范围界定见第二章第一节,在此不赘述。

（一）评价指标构建

基于以上产业分类,本书构建了先进制造业综合发展子系统与现代服务业综合发展子系统,参考孔宪香、张钰军（2022）和陈胜棋（2022）的研究,从产业规模、经济效益、成长潜力三个方面衡量产业综合发展水平。根据数据的科学性和可获得性,用制造业就业人数代替先进制造业就业人数,此外,先进制造业经济效益指标用增加值累计同比与利润总额两个二级指标衡量,现代服务业的经济效益指标选用增加值与工资总额衡量。缺失数据使用 EM 插值法进行填补。具体标准见表 5-1。

表 5-1　　　　先进制造业与现代服务业融合发展评价指标体系

| 子系统 | 一级指标 | 二级指标 | 单位 | 指标方向 |
|---|---|---|---|---|
| 先进制造业 | 产业规模 | 先进制造业就业人数 | 万人 | 正向 |
| | | 先进制造业就业人数/第二产业就业总人数 | — | 正向 |
| | | 先进制造业企业数量总和 | 个 | 正向 |
| | 经济效益 | 先进制造业增加值累计同比 | % | 正向 |
| | | 先进制造业利润总和 | 亿元 | 正向 |
| | 成长潜力 | 先进制造业固定资产投资增长率 | % | 正向 |
| | | 先进制造业就业人数增长速度 | % | 正向 |

| 子系统 | 一级指标 | 二级指标 | 单位 | 指标方向 |
|---|---|---|---|---|
| 现代服务业 | 产业规模 | 现代服务业就业人数 | 万人 | 正向 |
| | | 现代服务业就业人数/第三产业就业人数 | — | 正向 |
| | | 现代服务业企业数量总和 | 个 | 正向 |
| | 经济效益 | 现代服务业产业增加值 | 亿元 | 正向 |
| | | 现代服务业工资总和 | 亿元 | 正向 |
| | 成长潜力 | 现代服务业固定资产投资增长率 | % | 正向 |
| | | 现代服务业就业人数增长速度 | % | 正向 |

资料来源：笔者整理。

## （二）指标权重与融合度测算

### 1. 数据标准化

为消除数据因量纲或数量级差异对结果造成的影响，需要对数据进行标准化处理，因此按正功效类型予以计算。标准化的公式为：

$$a_{ij} = \frac{x_{ij} - \min(x_{ij})}{\max(x_{ij}) - \min(x_{ij})}$$

其中，$a_{ij}$代表第 $i$ 个系统第 $j$ 个指标标准化后的数据，$x_{ij}$代表第 $i$ 个系统第 $j$ 个指标的原始数据，$\max(x_{ij})$、$\min(x_{ij})$ 代表 $x_{ij}$ 的最大值和最小值。

### 2. 指标权重与综合指数

首先建立指标矩阵 $X = (x_{ij})$ $m \times n$（$m$ 个子系统，$n$ 个评价指标），依据上文对其进行标准化处理，为消除指标对数化后对计算结果的影响，令 $v_{ij} = a_{ij} + S(S = 10 - 4)$，将 $a_{ij}$平移 $S$ 个单位，并将平移后的数据再次进行归一化处理，计算第 $j$ 项指标下子系统 $i$ 指标值的比重，即：

$$p_{ij} = \frac{v_{ij}}{\sum_{i=1}^{m} v_{ij}}(j = 1, 2, \cdots, m)$$

之后，计算出各指标的熵值，即：

$$E_j = -\ln(n)^{-1} \sum_{i=1}^{n} p_{ij} \ln p_{ij}$$

然后，确定各指标的权重 $W_j$，计算公式为：

$$W_j = (1 - E_j) / \sum_{j=1}^{n} (1 - E_j)$$

最后可得，综合发展指数为：

$$u_i = \sum_{j=1}^{n} W_j a_{ij}$$

各二级指标的权重和综合发展指数见表 5 - 2。

表 5 - 2                        各指标权重和综合发展指数

| 子系统 | 一级指标 | 二级指标 | 权重（％） |
|---|---|---|---|
| 先进制造业 | 产业规模 | 先进制造业就业人数 | 14.98 |
| | | 先进制造业就业人数/第二产业就业总人数 | 14.38 |
| | | 先进制造业企业数量总和 | 14.43 |
| | 经济效益 | 先进制造业增加值累计同比 | 14.26 |
| | | 先进制造业利润总和 | 14.12 |
| | 成长潜力 | 先进制造业固定资产投资增长率 | 13.93 |
| | | 先进制造业就业人数增长速度 | 13.90 |
| 现代服务业 | 产业规模 | 现代服务业就业人数 | 13.98 |
| | | 现代服务业就业人数/第三产业就业人数 | 14.27 |
| | | 现代服务业企业数量总和 | 14.66 |
| | 经济效益 | 现代服务业产业增加值 | 14.28 |
| | | 现代服务业工资总和 | 14.33 |
| | 成长潜力 | 现代服务业固定资产投资增长率 | 14.44 |
| | | 现代服务业就业人数增长速度 | 14.04 |

资料来源：根据上述方法计算输出。

### 3. "两业"融合水平测算

基于上文的分析，构建耦合协调度模型测算先进制造业与现代服务业的融合发展水平，耦合协调度的计算公式为：

$$D = \sqrt{C \times T} = \sqrt{[2 \sqrt{u_1 \times u_2} / (u_1 + u_2)] \times (\alpha u_1 + \beta u_2)}$$

其中，$u_1$、$u_2$ 分别代表先进制造业子系统和现代服务业子系统的综合发展指数；$C$ 表示耦合度，指两个子系统之间的相互促进程度，其数值越接近 1，说明两产业之间的融合程度越高；$T$ 表示协调度，反映两个子系统之间良性耦合程度的大小；$\alpha$、$\beta$ 为待定系数，表示先进制造业和现代服务业的权重，参考李宁和韩同银（2018）的做法，取 $\alpha = \beta = 0.5$；$D$ 表示耦合协调度，反映先进制造业和现代服务业之间协调发展程度。

借鉴孔宪香和张钰军（2022）划分协调度的方法，将耦合协调度 $D$ 值划分为 10 各区间，每个区间对应不同等级，分类见表 5 - 3。

表 5 - 3 耦合协调度等级划分标准

| 耦合协调度区间 | 协调等级 | 协调程度 |
| --- | --- | --- |
| (0.0, 0.1) | 1 | 极度失调 |
| [0.1, 0.2) | 2 | 严重失调 |
| [0.2, 0.3) | 3 | 中度失调 |
| [0.3, 0.4) | 4 | 轻度失调 |
| [0.4, 0.5) | 5 | 濒临失调 |
| [0.5, 0.6) | 6 | 勉强协调 |
| [0.6, 0.7) | 7 | 初级协调 |
| [0.7, 0.8) | 8 | 中级协调 |
| [0.8, 0.9) | 9 | 良好协调 |
| [0.9, 1.0) | 10 | 优质协调 |

资料来源：孔宪香，张钰军. 我国制造业与生产性服务业耦合协调度及其影响因素分析 [J]. 现代管理科学，2022（5）：22 - 31.

## 三、河北省"两业"融合发展水平测度结果分析

### （一）"两业"整体融合发展水平测度与评价

根据前文构建的指标体系，选取 2011 ~ 2022 年先进制造业与现代服务业的相关指标数据进行整理与计算，数据来源于《河北统计年鉴》与 Wind 数据库。笔者计算得到先进制造业与现代服务业的综合发展水平以及两产业的耦合协调度，结果见表 5 - 4。

表5-4 河北省先进制造业与现代服务业耦合协调分析结果

| 年份 | 耦合度C值 | 协调指数T值 | 耦合协调度D值 | 协调等级 | 耦合协调程度 | 先进制造业综合发展水平 | 现代服务业综合发展水平 |
|------|------|------|------|------|------|------|------|
| 2011 | 0.9719 | 0.5177 | 0.7094 | 8 | 中级协调 | 0.6396 | 0.3959 |
| 2012 | 0.9727 | 0.5318 | 0.7192 | 8 | 中级协调 | 0.6551 | 0.4084 |
| 2013 | 0.9741 | 0.5617 | 0.7397 | 8 | 中级协调 | 0.6887 | 0.4347 |
| 2014 | 0.9580 | 0.5071 | 0.6970 | 7 | 初级协调 | 0.6525 | 0.3616 |
| 2015 | 0.9836 | 0.5149 | 0.7117 | 8 | 中级协调 | 0.6078 | 0.4220 |
| 2016 | 0.9917 | 0.5704 | 0.7521 | 8 | 中级协调 | 0.6435 | 0.4973 |
| 2017 | 0.9980 | 0.3175 | 0.5629 | 6 | 勉强协调 | 0.3378 | 0.2972 |
| 2018 | 0.9862 | 0.4237 | 0.6464 | 7 | 初级协调 | 0.3535 | 0.4938 |
| 2019 | 0.9747 | 0.5715 | 0.7463 | 8 | 中级协调 | 0.4437 | 0.6993 |
| 2020 | 0.9409 | 0.3901 | 0.6058 | 7 | 初级协调 | 0.2580 | 0.5222 |
| 2021 | 0.9944 | 0.5420 | 0.7341 | 8 | 中级协调 | 0.4845 | 0.5996 |
| 2022 | 0.9978 | 0.4344 | 0.6584 | 7 | 初级协调 | 0.4058 | 0.4630 |

资料来源：由笔者计算输出。

**1. 先进制造业和现代服务业两系统综合发展水平分析**

从先进制造业系统来看，2011~2022年河北省先进制造业发展水平整体呈下降趋势，先进制造业综合发展指数从2011年的0.6396下降到2022年的0.4058，具体见表5-4和图5-1。具体来看，2011~2016年，河北省先进制造业综合发展指数在0.6以上，发展态势较好；2011~2013年河北省先进制造业综合发展指数连续三年增长，2013年达到峰值为0.6887；随后出现2014年和2015年连续两年的下降，2016年有所提升，但是，2017年河北省先进制造业的发展水平又出现大幅度下降，先进制造业综合发展指数从2016年的0.6435下降到2017年的0.3378；此后的2018年和2019年连续两年增长，分别为0.3535和0.4437；2020年先进制造业综合发展指数又出现较大幅度下降，仅为0.2580，为2011~2022年的最低水平；2021年和2022年先进制造业综合发展指数有所回升，但2022年这一指标值仅为0.4058。这说明，在2011~2020年的十年间，河北省先进制造业在产业规模、经济效益和成长潜力上的发展跌宕起伏，甚至出现不乐观的发展趋势；2021～2022年，河北省先进制造业在产业规模、经济效益和成长潜力方面又得到较好的发展。

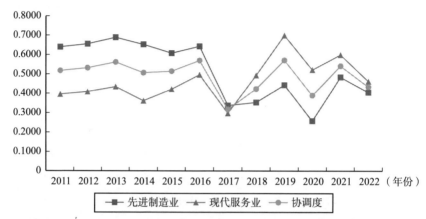

**图5-1　河北省先进制造业与现代服务业综合发展水平与协调度变动**

资料来源：根据计算结果绘制。

从现代服务业来看，2011～2022年河北省现代服务业发展整体呈上升趋势，现代服务业综合发展指数从2011年的0.3959上升到2022年的0.4630，具体见表5-4和图5-1。具体来看，2011～2018年，河北省现代服务业综合发展水平出现两次大幅度下降，分别是2014年与2017年，综合发展水平指数值分别是0.3616和0.2972；2019年，河北省现代服务业综合发展水平达到一个小峰值，说明在产业规模、经济效益和成长潜力上河北省现代服务业整体有较大提升；2020～2022年，河北省现代服务业发展呈小幅下降趋势，至2022年，河北省现代服务业综合发展水平指数值达到0.4630。

先进制造业与生产性服务业相比，2011～2016年，二者的发展水平态势相似，先进制造业的综合发展水平一直高于现代服务业发展水平；2018～2022年，河北省现代服务业的综合发展水平超过先进制造业；2022年，二者发展水平接近，且发展差距越来越小（见图5-1）。

从先进制造业与现代服务业协调指数来看，河北省先进制造业与现代服务业的整体协调发展情况与各自的发展水平密切相关。2011～2017年，河北省先进制造业的发展水平一直高于现代服务业发展水平，这表明，河北省先进制造业对于现代服务业具有更大的拉动作用；2018~2022 年则相反，河北省现代服务业发展水平高于先进制造业发展水平，反映出河北省现代服务业的拉动作用更明显。比较河北省先进制造业与现代服务业的综合发展水平，可将二者的协调度分为三种类型：$u_1 < u_2$，先进制造业发展滞后型，说明先进制造业发展对现代服务业发展的贡献弱于现代服务业对先进制造业发展的推动作用；$u_1 = u_2$，现代服务业与先进制造业发展同步型；$u_1 > u_2$，现代服务业发展滞后型，说明现代服务业对先进制造业的拉动作用弱于先进制造业对现代服务业的拉动作用（王毅等，2015）。由表 5-4 和图 5-1 可以看出，2011~2018 年，河北省是现代服务业发展滞后型，其余年份是先进制造业发展滞后型，数据显示，大多数年份先进制造业的发展水平较高，这表明河北省先进制造业与现代服务业的发展需求仍不匹配。

**2. 先进制造业与现代服务业耦合协调度分析**

根据测算结果绘制河北省先进制造业与现代服务业耦合度和耦合协调度的折线图（见图 5-2）。从耦合度来看，2011~2022 年，河北省先进制造业与现代服务业的耦合度均超过了 0.9，表明近十年来河北省先进制造业与现代服务业发展关联紧密，相互作用程度很大。从耦合协调度来看，整体的耦合协调度的变化范围处于 0.5~0.8 区间，且协调等级也相应变动，除了 2017 年河北省先进制造业与现代服务业的协调等级为勉强协调，

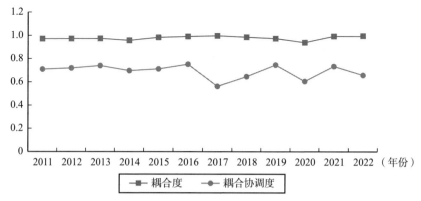

**图 5-2　河北省先进制造业与现代服务业耦合度与耦合协调度变动趋势**

资料来源：根据计算结果绘制。

其余年份中，初级协调的年份有 2014 年、2018 年、2020 年、2022 年，中级协调的年份有 2011 年、2012 年、2013 年、2015 年、2016 年、2019 年、2021 年。整体来看，河北省两业耦合协调度值在 0.7 上下波动，表明河北省两业融合发展整体还处于中等水平，有待进一步促进两业融合发展。

从图 5-2 中还可以看出，耦合度的折线一直位于耦合协调度折线的上方，反映出河北省先进制造业与现代服务业之间的同步性明显弱于二者之间的相关性，说明近年来河北省通过调整制造业产业结构，推动制造业向服务型制造转变，使河北省先进制造业与现代服务业联系越来越紧密，但是现代服务业发展的同时，其对制造业的带动作用并没有完全发挥出来，说明在制造业转型升级的过程中依然存在制约现代服务业与先进制造业协同发展的因素。

### （二）先进制造业各部门与现代服务业融合水平测度与评价

本小节测算了河北省先进制造业不同部门与现代服务业的融合水平（见表 5-5）。2011~2015 年，河北省先进制造业各部门与现代服务业融合水平整体呈下降趋势，但耦合协调度仍处高位。2017 年，河北省先进制造业各部门与现代服务业的融合水平均出现了大幅下降，有色金属冶炼和压延加工部门与河北省现代服务业的融合甚至面临濒临失调的处境。随后 2018~2021 年，各部门与现代服务业的融合水平出现较大的提升，基本维持在 0.6~0.7 区间，仪器仪表制造部门与现代服务业的融合水平在 2019 年达到了最高峰，耦合协调度值为 0.8002，协调等级为良好协调。至 2022 年，河北省先进制造业各部门与现代服务业的融合发展水平再次出现小幅下降，多数处于初级协调，除此之外，C30 部门处于勉强协调，C27 部门处于中级协调，可见河北省先进制造业各部门与现代服务业的融合发展的不平衡。

表 5-5　2011~2022 年河北省先进制造业各部门与现代服务业耦合协调度

| 行业 | 2011 年 | 2012 年 | 2013 年 | 2014 年 | 2015 年 | 2016 年 |
|------|---------|---------|---------|---------|---------|---------|
| C27 | 0.6751 | 0.7073 | 0.7200 | 0.6600 | 0.6840 | 0.7087 |
| C30 | 0.7209 | 0.7104 | 0.7384 | 0.6864 | 0.6771 | 0.7082 |

续表

| 行业 | 2011 年 | 2012 年 | 2013 年 | 2014 年 | 2015 年 | 2016 年 |
|---|---|---|---|---|---|---|
| C32 | 0.6784 | 0.7060 | 0.7279 | 0.6739 | 0.6848 | 0.7111 |
| C34 | 0.7423 | 0.7187 | 0.7279 | 0.6929 | 0.6964 | 0.7253 |
| C35 | 0.6936 | 0.7451 | 0.7549 | 0.7065 | 0.7075 | 0.7188 |
| C36 – C37 | 0.6640 | 0.7218 | 0.7356 | 0.6969 | 0.7195 | 0.7750 |
| C38 | 0.7180 | 0.6896 | 0.7174 | 0.6899 | 0.6948 | 0.7636 |
| C39 | 0.6341 | 0.6563 | 0.7413 | 0.7150 | 0.7511 | 0.7618 |
| C40 | 0.6038 | 0.6815 | 0.6681 | 0.6442 | 0.6513 | 0.6987 |
| 行业 | 2017 年 | 2018 年 | 2019 年 | 2020 年 | 2021 年 | 2022 年 |
| C27 | 0.5040 | 0.7017 | 0.7360 | 0.7188 | 0.7506 | 0.7163 |
| C30 | 0.5466 | 0.6604 | 0.7258 | 0.6657 | 0.6964 | 0.5958 |
| C32 | 0.4653 | 0.6476 | 0.6951 | 0.6052 | 0.7787 | 0.6642 |
| C34 | 0.5243 | 0.5780 | 0.6288 | 0.5390 | 0.6100 | 0.6204 |
| C35 | 0.5818 | 0.6441 | 0.7074 | 0.6171 | 0.7327 | 0.6397 |
| C36 – C37 | 0.5543 | 0.6836 | 0.6900 | 0.5987 | 0.6921 | 0.6117 |
| C38 | 0.5857 | 0.6107 | 0.7115 | 0.5670 | 0.6495 | 0.6983 |
| C39 | 0.5806 | 0.6429 | 0.7214 | 0.6599 | 0.7563 | 0.6796 |
| C40 | 0.5222 | 0.6342 | 0.8002 | 0.6543 | 0.7131 | 0.6513 |

资料来源：由笔者计算输出。

## （三）先进制造业与现代服务业各部门融合水平测度与评价

本小节测算了河北省先进制造业与现代服务业不同部门的耦合协调度，按照前文所述，本小节所讨论的现代服务业部门包括批发和零售业（F）；交通运输、仓储和邮政业（G）；信息传输、软件和信息技术服务业（I）；金融业（J）；房地产业（K）；租赁和商务服务业（L）；科学研究和技术服务业（M）；水利、环境和公共设施管理业（N）；居民服务、修理和其他服务业（O）；教育（P）；卫生和社会工作（Q）；文化、体育和娱乐业（R）；公共管理、社会保障和社会组织（S）13 个部门（见表 5-6）。

表 5－6　2011～2022 年河北省先进制造业与现代服务业各部门耦合协调度

| 行业 | 2011 年 | 2012 年 | 2013 年 | 2014 年 | 2015 年 | 2016 年 |
|---|---|---|---|---|---|---|
| F | 0.7255 | 0.7737 | 0.7865 | 0.7640 | 0.7486 | 0.7712 |
| G | 0.6649 | 0.6580 | 0.7783 | 0.7495 | 0.7478 | 0.7451 |
| I | 0.6884 | 0.5954 | 0.7079 | 0.6418 | 0.6330 | 0.6717 |
| J | 0.7148 | 0.6449 | 0.6356 | 0.6719 | 0.7483 | 0.7907 |
| K | 0.6852 | 0.7000 | 0.7171 | 0.7451 | 0.7333 | 0.7867 |
| L | 0.4997 | 0.6323 | 0.7187 | 0.6588 | 0.6549 | 0.6678 |
| M | 0.6418 | 0.7289 | 0.7149 | 0.7085 | 0.6771 | 0.8017 |
| N | 0.6624 | 0.7460 | 0.7149 | 0.7066 | 0.7075 | 0.7509 |
| O | 0.7357 | 0.7089 | 0.6674 | 0.6600 | 0.6691 | 0.6813 |
| P | 0.7594 | 0.7600 | 0.5819 | 0.6708 | 0.6276 | 0.8023 |
| Q | 0.5799 | 0.5781 | 0.5515 | 0.5921 | 0.5907 | 0.6023 |
| R | 0.7637 | 0.7433 | 0.7081 | 0.6937 | 0.7486 | 0.7692 |
| S | 0.6938 | 0.7089 | 0.6940 | 0.6474 | 0.6513 | 0.6757 |
| 行业 | 2017 年 | 2018 年 | 2019 年 | 2020 年 | 2021 年 | 2022 年 |
| F | 0.5395 | 0.6464 | 0.6853 | 0.5894 | 0.7170 | 0.6321 |
| G | 0.5334 | 0.6131 | 0.7187 | 0.6254 | 0.7713 | 0.7457 |
| I | 0.5429 | 0.5997 | 0.7252 | 0.6165 | 0.7883 | 0.7517 |
| J | 0.6800 | 0.6824 | 0.7196 | 0.6448 | 0.7941 | 0.6845 |
| K | 0.5631 | 0.6559 | 0.7387 | 0.6754 | 0.8011 | 0.7234 |
| L | 0.5658 | 0.6320 | 0.7243 | 0.6047 | 0.7122 | 0.7680 |
| M | 0.6068 | 0.6974 | 0.7221 | 0.6242 | 0.7459 | 0.7092 |
| N | 0.6504 | 0.6841 | 0.6732 | 0.6029 | 0.7098 | 0.7003 |
| O | 0.6112 | 0.6723 | 0.7638 | 0.5450 | 0.6960 | 0.6808 |
| P | 0.6526 | 0.6246 | 0.7499 | 0.6462 | 0.7717 | 0.7731 |
| Q | 0.5669 | 0.6484 | 0.7108 | 0.6255 | 0.7583 | 0.7629 |
| R | 0.5787 | 0.6798 | 0.7144 | 0.6400 | 0.7314 | 0.6971 |
| S | 0.5852 | 0.6918 | 0.7838 | 0.6264 | 0.7369 | 0.7515 |

资料来源：由笔者计算输出。

根据测算结果可知，2011～2022年，河北省先进制造业与现代服务业各部门的融合度整体呈上升趋势，至2022年，先进制造业与现代服务业各部门的融合度均位于0.6～0.8区间，除批发零售业（F），金融业（J），居民服务、修理和其他服务业（O），文化、体育和娱乐业（R）四个部门与先进制造业的协调等级为初级协调，其余现代服务业部门与先进制造业的协调发展均达到了中级协调水平。同样的，2017年，河北省先进制造业与现代服务业各部门的融合水平出现大幅度下降。

## 第二节　河北省制造业高质量发展水平测评

河北省是中国的制造业大省，推进河北省制造业高质量发展，是贯彻落实党的二十大精神，顺利推进产业结构优化，加快制造业向中高端迈进，实现经济发展提质增效的重要一环。然而，河北省产业优势主要集中在钢铁等资本密集型行业，先进装备制造业和医药制造业等高技术密集型行业的规模普遍偏低，尤其是计算机、通信和其他电子设备制造业与电气机械制造业等先进装备制造业行业份额远低于全国平均水平（尹彦罡等，2023）。"十三五"期间，河北省深入实施产业转型升级和科技创新三年行动计划，推动河北省制造业产业体系不断完善，向高端化、智能化、绿色化方向取得一定的进展，为实现制造业爬坡过坎，向价值链中高端迈进打下了坚实的基础，但仍未摆脱"钢铁一家独大"和计算机、通信及其他电子设备制造业规模过小，新生产要素集聚能力不足，低端无效供给过剩与中高端有效供给不足等固有特征。"十四五"时期，为加快建设现代化经济体系，贯彻落实新发展理念，河北省政府发布了《河北省制造业高质量发展"十四五"规划》提出了制造业高质量发展这一主攻方向。在这样的背景下，准确把握河北省制造业高质量发展水平，找出其存在的漏洞与短板，厘清形成原因与内在机制，对探寻河北省制造业高质量发展水平的提升路径具有重要意义。

现有不少学者已对制造业高质量发展的测度展开研究，由于学界尚未对制造业高质量发展的概念与内涵形成一致界定，因此，相关的研究主题还包括制造业创新能力评价、制造业竞争力评价、先进制造业评价、新型制造业评价等（黄顺春等，2021）。对检索出来的文献进行梳理和归纳，发现目前针对制造业高质量发展的实证研究相对较少，不少研究以制造业升级［如全要素生产率的提升（宣烨等，2017；肖挺等，2016）、制造业结构升级（于斌斌等，2015；徐常萍等，2012；夏秋，2021）、企业绩效（覃毅，2011；钱龙等，2019；吕越等，2017）］作为替代变量进行实证研究。对仅有的针对制造业高质量发展进行测度和实证研究的几篇文献进行梳理，发现研究多从东部、中部、西部等国家大区域或省级层面展开，注重国家总体水平的分析和区域差异的溯因。例如，王梅娟和余东华（2022）对我国东部、中部、西部地区的制造业高质量发展水平进行测度，并在此基础上进行归因分析。结果显示，我国东部地区作为发展水平较高的地区在全国制造业高质量发展中处于引领地位，整体动态演变趋势与贡献因素与国家整体水平相符，融合发展、结构优化、营商环境、创新驱动贡献较大，社会保障的贡献增长最快；中部地区发展势头迅猛，创新驱动是中部地区差异形成的主要来源；而西部地区则受困于结构优化因素，进展缓慢，制造业高质量发展仅集中在少数几个地区。刘国新等（2020）以经济高质量发展的内涵为基础，提出制造业高质量发展的理论框架，并在此基础上构建制造业高质量发展指标体系，对我国 30 个省份的制造业高质量发展水平进行测度。研究发现，我国制造业高质量发展水平呈上升态势，但总体水平有待提高。区域分布上，东部地区依托较好的产业基础和技术资源走在前列，中部地区平稳发展，西部地区则较为落后，且各地区制造业高质量发展水平呈现显著的空间相关性。对个别地区或省份的制造业高质量发展进行专门研究的文章则更少，傅为忠和储刘平（2020）以长三角一体化发展战略的提出为契机，对泛长三角区域的制造业高质量发展进行测度和评价，研究发现，创新驱动是制造业高质量发展的首要驱动因素，其次是质量效益和人才集聚，产业结构优化和绿色发展的重要性逐渐凸显。苏永伟（2020）对我国中部六省的制造业高质量发展水平进行了数理分析，研究发现，山西省由于政治生态破坏和资源型经济转型战略，其制造业高质量发展受到较大影响，而优等质量品牌的缺乏和制造业规模较小、产业集聚效应不足是六省普遍存在的主要问题。在指标体系的构建上，创新驱动与绿色发展、经济效益与品牌质量效益是现有评测框架下学者所普遍认同的衡量指标，且相关的二级度量指标形式多样，全面细致，而对开放、共享等社会效益类指标关注较少，且指标选取相对单一。

综上，现有研究主要专注于制造业产业升级、结构升级、全要素生产率提升或绩效提升等方面，研究层面较为单一，对制造业高质量发展的专门研究还相对较少，不能适应新经济发展理念和制造业发展的新要求。对制造业高质量发展的研究主要集中于国家层面的统筹发展上，对地区层面的专门研究较少。在指标体系的构建和度量指标的选取上，对开放、共享、人才等社会效益类指标关注不足，指标选取单一。为填补以上研究缺陷，构建更具科学性和适用性的评测体系，为我国制造业高质量发展提供及时、正确的方向与参考，本章将进一步加深对制造业高质量发展内涵的理解，深化对制造业开放、民生共享等社会效益方面的测度，增加其细分指标的选取与度量，以河北省制造业高质量发展为主要对象，通过精准测度与比较分析，结合河北省实际情况，因地制宜制订出更具实践性的方案，以更好地指导地区制造业高质量发展。

## 一、河北省制造业高质量发展水平评价指标体系

根据制造业高质量发展的内涵并结合《河北省制造业高质量发展"十四五"规划》具体要求，在参考现有研究的基础上，选取经济效益、创新驱动、品质品牌、绿色发展、数字化水平、社会保障、开放合作、结构优化这八大一级指标构建河北省制造业高质量发展评价体系，结合数据的可获得性，具体衡量指标选取见表5－7。

表5－7　　　　　制造业高质量发展水平评价指标体系

| 一级指标 | 二级指标 | 三级指标 | 衡量公式 | 属性 |
|---|---|---|---|---|
| 经济效益<br>（A） | 经济贡献 | 经济增长贡献率（A1） | 制造业增加值/地区生产总值（%） | + |
| | 经营利润 | 销售利润（A2） | 营业利润总额/主营业务收入（%） | + |
| | 劳动<br>生产率 | 制造业劳动生产率（A3） | 制造业增加值/制造业就业人数（万元/人） | + |

续表

| 一级指标 | 二级指标 | 三级指标 | 衡量公式 | 属性 |
|---|---|---|---|---|
| 创新驱动（B） | 创新投入 | 人员投入（B1） | 规模以上工业企业R&D人员数/规模以上工业企业年末从业人员数（%） | + |
| | | 资金投入（B2） | 规模以上工业企业R&D经费支出/主营业务收入（%） | + |
| | 创新产出 | 专利数量（B3） | 规模以上工业企业有效发明专利数/R&D经费支出 | + |
| | | 新产品增加值（B4） | 规模以上工业企业新产品销售收入 | + |
| 品质品牌（C） | 产品品质 | 合格品率（C1） | 制造企业产品合格率 | + |
| | | 质量损失率（C2） | 产品质量成本的内部损失与外部损失成本之和/工业总产值 | − |
| | 产品品牌 | 贸易竞争力优势（C3） | 河北省货物进出口差额/货物进出口总额 | + |
| 绿色发展（D） | 污染排放 | 固体废物排放强度（D1） | 一般工业固体废物产生量/制造业增加值 | − |
| | 环境治理 | 节能环保投资（D2） | 工业污染治理投资占地区生产总值的比重（%） | + |
| | 资源利用 | 单位工业增加值能耗（D3） | 工业电力消费量/工业增加值 | − |
| 数字化水平（E） | 互联网普及 | 互联网普及率（E1） | 企业拥有网站数/制造业企业数 | + |
| | 电子商务应用 | 应用电子商务水平（E2） | 有电子商务交易活动企业比重 | + |
| 社会保障（F） | 收入水平 | 收入水平（F1） | 制造业城镇单位就业人员平均工资 | + |
| | 就业吸纳 | 制造业城镇单位就业人员占比（F2） | 制造业城镇单位就业人员/总就业人数 | + |
| | 税收贡献 | 制造业税收收入占比（F3） | 制造业利税总额/税收总额 | + |
| 开放合作（G） | 开放程度 | 外资依存度（G1） | 制造业外商投资额/工业总产值 | + |
| | | 外贸依存度（G2） | 货物进出口总额/工业总产值 | + |
| | 开放环境 | 营商环境（投资环境）（G3） | 外商投资企业进出口总额/地区生产总值 | + |

| 一级指标 | 二级指标 | 三级指标 | 衡量公式 | 属性 |
|---|---|---|---|---|
| 结构优化（H） | 产业结构 | 高端产业比重（H1） | 高技术产业主营业务收入/制造业主营业务收入 | + |
| | 产品结构 | 新产品销售收入占比（H2） | 工业企业新产品销售收入/工业企业主营业务收入 | + |

资料来源：笔者整理。

在经济效益一级指标下，包含经济增长贡献、经营利润、劳动生产率这3个二级指标，且均为制造业高质量发展的正向指标；在创新驱动一级指标下，包含创新投入和创新产出这两个二级指标，其中，分别用R&D人员投入和资金投资以及专利数量和新产品增加值对这两个二级指标进行刻画，由于缺乏制造业细分数据，且工业的主体是制造业，因此，此处用规模以上工业企业的数据进行替代；在品质品牌一级指标下，包含产品品质和产品品牌这两个二级指标，其中产品品质通过产品合格率和质量损失率这两个指标进行衡量，产品贸易竞争力方面，结合数据的可获得性使用货物贸易情况进行替代；在绿色发展一级指标下，包含污染排放、环境治理和资源利用3个二级指标，使用规模以上工业企业数据；在数字化水平一级指标下，包含互联网普及和电子商务应用这两个二级指标；在社会保障一级指标下，包含收入水平、就业吸纳、税收贡献这3个二级指标，由于制造业国民之本、强国之基的重要地位，其社会效益的提升也是推进制造业高质量发展过程中不可或缺的一环，此处将社会效益的衡量纳入其中，弥补了现有研究中的不足；在开放合作一级指标下，包含开放程度和开放环境2个二级指标，且均为正向型指标；在结构优化一级指标下，包含产业结构和产品结构2个二级指标，其中，产品结构使用规上企业的新产品销售收入比重进行代替。

根据研究需要，所涉及的各项指标的原始数据来源于2011～2022年《中国税务年鉴》《中国统计年鉴》《中国科技统计年鉴》《河北省统计年鉴》及相关统计公报，部分通过国研网、中经网下载。对于少数缺失值采用移动平均法补齐。

## 二、河北省制造业高质量发展水平测度方法

目前广泛使用的赋权方法包括主观赋权法，如层次分析法、环比评分法、优序图法、菲尔德法以及客观的熵权法、CRITIC 法、主成分分析法等。为保证指标体系的客观性，本章主要采用熵权法对河北省制造业高质量发展水平展开测度。熵权法基于数据携带信息量的大小来计算权重，能够避免人为因素的干扰，较为客观地得到各个具体部分的权重，使评价结果更符合实际情况。

首先，为解决指标间量纲差异性问题，需对数据进行标准化处理，本书借鉴苏永伟（2020）采用极差标准化处理方法。

$$X_{ij} = \frac{X_{ij} - X_{\min}}{X_{\max} - X_{\min}} + 0.0001\,(\text{正向指标})$$

$$X_{ij} = \frac{X_{\max} - X_{ij}}{X_{\max} - X_{\min}} + 0.0001\,(\text{负向指标})$$

其中，$X_{ij}$ 为计算后数据，其中 $X_{\max}$ 和 $X_{\min}$ 分别为该项统计指标的最大值和最小值。

其次，对数据进行归一化处理：

$$P_{ij} = \frac{X_{ij}}{\sum X_{ij}}\,(i = 1,\ 2,\ \cdots,\ m;\ j = 1,\ 2,\ \cdots,\ n)$$

再次，计算信息熵 $e_j$：

$$e_j = -k\,\frac{1}{\ln(n)}\sum P_{ij}\ln(P_{ij}),k = \frac{1}{\ln(m)}$$

最后，计算各指标权重 $W$：

$$W_j = -\frac{1 - e_j}{\sum(1 - e_j)}\,(j = 1,\ 2,\ \cdots,\ n)$$

限于篇幅，此处仅报告 2011~2012 年、2020~2022 年这五年的河北省制造业高质量发展评价指标的测算结果（见表 5-8），2011~2022 年的测算结果见附录。从表 5-8 中可以看出，本书所选指标的熵值均高于0.8，这说明所选指标含有绝大部分的原始信息，能够在很大程度上反映真实情况。

**表5-8** 各指标的规范化得分和熵权 $W_j$ 的计算

| 指标 | 河北省制造业高质量发展评价指标规范化得分 | | | | | 熵值 $e_j$ | 各指标熵权 $W_j$ |
|---|---|---|---|---|---|---|---|
| | 2011 年 | 2012 年 | 2020 年 | 2021 年 | 2022 年 | | |
| A1 | 0.0411 | 0.0915 | 0.0022 | 0.0539 | 0.0660 | 0.8809 | 0.0455 |
| A2 | 0.1565 | 0.1081 | 0.0511 | 0.0174 | 0.0156 | 0.9216 | 0.0299 |
| A3 | 0.0018 | 0.0062 | 0.1338 | 0.1895 | 0.1959 | 0.8384 | 0.0618 |
| B1 | 0.0030 | 0.0153 | 0.1596 | 0.1430 | 0.1446 | 0.8784 | 0.0465 |
| B2 | 0.0001 | 0.0130 | 0.1598 | 0.1447 | 0.1468 | 0.8853 | 0.0439 |
| B3 | 0.0002 | 0.0021 | 0.1535 | 0.1611 | 0.1980 | 0.8326 | 0.0640 |
| B4 | 0.0002 | 0.0146 | 0.1378 | 0.2024 | 0.2093 | 0.8637 | 0.0521 |
| C1 | 0.0018 | 0.0173 | 0.0697 | 0.1066 | 0.1377 | 0.9079 | 0.0352 |
| C2 | 0.1631 | 0.0926 | 0.1196 | 0.1281 | 0.1281 | 0.9099 | 0.0345 |
| C3 | 0.0006 | 0.0016 | 0.1222 | 0.1064 | 0.0969 | 0.8593 | 0.0538 |
| D1 | 0.0005 | 0.0014 | 0.1155 | 0.1175 | 0.1465 | 0.9046 | 0.0364 |
| D2 | 0.0199 | 0.0632 | 0.0744 | 0.0087 | 0.0287 | 0.8470 | 0.0585 |
| D3 | 0.1929 | 0.1698 | 0.0019 | 0.0541 | 0.0768 | 0.8426 | 0.0602 |
| E1 | 0.0831 | 0.0848 | 0.0881 | 0.0845 | 0.0654 | 0.9617 | 0.0146 |
| E2 | 0.0013 | 0.0142 | 0.1232 | 0.1192 | 0.1050 | 0.9165 | 0.0319 |
| F1 | 0.0001 | 0.0002 | 0.1440 | 0.1741 | 0.1881 | 0.8594 | 0.0538 |
| F2 | 0.1571 | 0.1558 | 0.0236 | 0.0304 | 0.0335 | 0.8896 | 0.0422 |
| F3 | 0.0706 | 0.0782 | 0.1243 | 0.1396 | 0.1414 | 0.9209 | 0.0303 |
| G1 | 0.0513 | 0.0727 | 0.0013 | 0.1098 | 0.1125 | 0.9209 | 0.0205 |
| G2 | 0.1133 | 0.0638 | 0.1141 | 0.1392 | 0.1604 | 0.9232 | 0.0294 |
| G3 | 0.2791 | 0.1947 | 0.0028 | 0.0302 | 0.0274 | 0.7976 | 0.0774 |
| H1 | 1.4008 | 0.0262 | 0.1099 | 0.1144 | 0.1158 | 0.9341 | 0.0252 |
| H2 | 0.0017 | 0.0120 | 0.1573 | 0.1743 | 0.1753 | 0.8641 | 0.0520 |

资料来源:由笔者计算输出。

## 三、河北省制造业高质量发展水平测度结果分析

本书采用线性加权法对河北省制造业高质量发展进行综合评价。线性

加权法与熵权法相结合，首先按照各目标的重要性赋予相应的权重系数，然后对其线性组合进行评价，能够将复杂系统中多目标问题转化成单目标问题，进而对制造业高质量发展水平这一复杂指标进行较好的综合评价。表5-9给出了河北省制造业高质量发展水平的测度结果。

（一）评价结果总体情况分析

表5-9和图5-3为2011～2022年河北省制造业高质量发展水平的测算结果及其变化走势。从总体上看，河北省制造业高质量发展水平整体呈现显著的上升趋势，河北省高质量发展水平指数从2021年的0.3170提高到2022年的0.7047。其中，2013～2014年及2020～2021年制造业高质量发展水平增长较快，分别从0.3368和0.5753提高到0.4279和0.6663；2011～2012年、2014～2015年及2017～2018年出现短暂的下滑，其他年份有不同程度的提高，表明河北省制造业发展质量具有波动性。

表5-9　　　　河北省制造业高质量发展水平的测度结果

| 年份 | 河北省高质量发展水平指数 |
| --- | --- |
| 2011 | 0.3170 |
| 2012 | 0.2999 |
| 2013 | 0.3368 |
| 2014 | 0.4279 |
| 2015 | 0.4179 |
| 2016 | 0.4562 |
| 2017 | 0.5075 |
| 2018 | 0.5051 |
| 2019 | 0.5422 |
| 2020 | 0.5753 |
| 2021 | 0.6663 |
| 2022 | 0.7047 |

资料来源：由笔者计算输出。

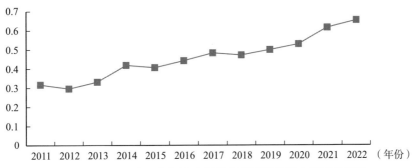

**图 5 - 3 2011～2022 年河北省制造业高质量发展水平变化趋势**

资料来源：根据计算结果绘制。

图 5 - 4 和图 5 - 5 显示了 2011～2022 年河北省制造业高质量发展水平各一级指标的走势。经过标准化和归一化处理，所有负向指标均与正向指标同为数值越高，表现越好。具体来看，2011～2022 年的 12 年间，创新驱动水平始终呈上升趋势，从 2011 年的 0.0001 增长到了 2022 年的 0.2150，实现了长足的进步，为河北省制造业高质量发展作出了重要贡献。社会保障、结构优化及品质品牌也呈显著上升趋势，但增速略缓。经济效应水平则于 2014 年、2017 年形成两个小高峰，整体提升水平不显著。数字化水平从 2011～2015 年经历大幅提升后于 2016 年开始下滑，2018 年后波动上升。开放合作水平于 2011～2016 年经历一段时间的下降后

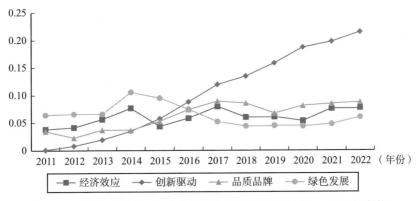

**图 5 - 4 2011～2022 年河北省制造业高质量发展水平各一级指标走势**

资料来源：根据计算结果绘制。

于 2017 年开始缓慢上升，2019～2020 年受新冠疫情冲击再次经历短暂的下滑后于 2021 年实现较大幅度的提升，但总体呈下滑趋势。值得一提的是，绿色发展水平于 2011～2014 年得以提升后一直呈现缓慢的下滑趋势。具体来看，尽管污染排放治理取得了一定的成效，但环境治理投入跟不上地区经济发展速度和能源利用效率的波动是造成绿色发展水平持续低迷的主要原因。

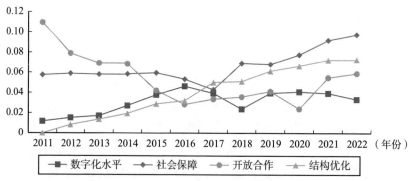

**图 5-5 2011～2022 年河北省制造业高质量发展水平各一级指标走势**

资料来源：根据计算结果绘制。

（二）系统层评价结果分析

将总体趋势和各一级指标走势结合来看，创新驱动、结构优化和社会保障水平的提升均为河北省制造业高质量发展作出了巨大贡献。以下分析依照指标表现水平从高到低展开。

**1. 创新驱动发展水平变动趋势**

从图 5-6 河北省制造业高质量发展创新驱动发展水平变动趋势可以看出，2011～2022 年，河北省 R&D 人员投入和资金投入两项创新投入以及专利数量和新产品增加值两项创新产出都实现了较大幅度的提升，其中，R&D 人员投入水平从 0.0030 增长到 0.1446，资金投入水平从 0.0101 增长到 0.1468，专利数量水平从 0.0018 增长到 0.1980，新产品增加值从 0.0011 增长到 0.2093，创新投入和创新产出均表现良好，尤其是新产品增加值在 12 年内实现巨大的进步。相较之下，R&D 人员投入的增长远低于其他三个指标。实际上，由于京津两地的"虹吸效应"，河北省一直是京津冀区域协同发展中的"人才集聚度洼地"（王福世，2023），人才流失和严重的教育内卷是导致河北省高层次人力资源不足的主要原因。

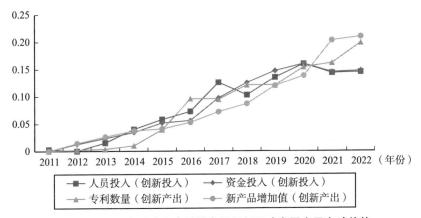

**图 5 - 6　河北省制造业高质量发展创新驱动发展水平变动趋势**

资料来源：根据计算结果绘制。

### 2. 结构优化水平变动趋势

加快产业结构优化升级是经济高质量发展题中之义。本书结构优化方面包括产业结构和产品结构这两大二级指标，计算结果如图 5 - 7 所示。从图中可以看出，产业结构水平呈现波动上升的趋势，从 2011 年的 0.0014 上

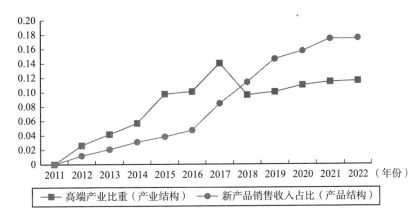

**图 5 - 7　河北省制造业高质量发展结构优化水平变动趋势**

资料来源：根据计算结果绘制。

升至 2022 年的 0.1158；产品结构水平始终呈现上升的趋势，从 2011 年的 0.0017 上升至 2022 年的 0.1753。这表明，高端产业比重提升和新产品销售收入占比提升共同对河北省制造业结构优化升级作出了积极贡献。相比较来看，2017 年以后，河北省的产业结构水平低于产品结构优化水平；且 2017 年产业结构水平较 2016 年出现了明显下降，2018 年之后虽呈现逐年缓慢上升的态势，但 2022 年仍低于 2017 年的水平，表明在高技术产业的开拓方面，河北省还有较大的进步空间。

**3. 社会保障水平变动趋势**

图 5-8 报告了 2011~2022 年河北省制造业高质量发展社会保障水平变动趋势。河北省制造业在收入水平、税收贡献方面的表现良好，分别从 2011 年的 0.0002 和 0.0706 上升到 2022 年的 0.1882 和 0.1414，但就业吸纳水平呈现波动下降的趋势，由 2011 年的 0.1571 下降至 2019 年的 0.0015，后于 2022 年缓慢上升至 0.0334。经济发展水平的提升要能带动企业的从业人员吸纳能力，实现发展成果的全面共享才能形成可持续的良性循环（魏檬燕，2014）。因此，一方面，企业家们要树立企业家精神，追求经济效益的同时也要主动肩负起社会责任，不断实现业务拓展、创造更多的岗位；另一方面，政府也应该发挥媒介和引导的作用，促进企业和企业间、企业和从业者间的交流，引导从业人员正确就业观的树立。此外，

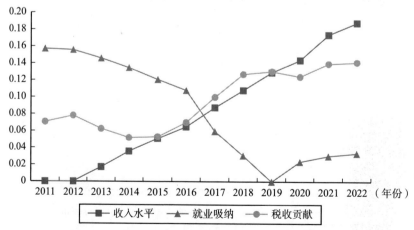

**图 5-8 河北省制造业高质量发展社会保障水平变动趋势**

资料来源：根据计算结果绘制。

国家统计局最新数据显示，2023 年我国制造业城镇私营单位就业人员平均工资达 67352 元，而河北省仅 53220 元。因此，尽管河北省制造业从业人员收入水平呈现持续的上涨趋势，但仍低于全国制造业从业人员收入的平均水平。

**4. 品质品牌水平变动趋势**

制造业产品品质品牌的树立是适应人民日益增长的物质文化需求的体现，也是我国制造业企业向上攀登的必经之路。图 5-9 显示了 2011~2022 年河北省制造业高质量发展品牌品质水平变动趋势，尽管河北省制造业产品质量合格率在 2019 年出现"滑铁卢"，但整体呈上升趋势，产品质量合格率从 2011 年的 0.0018 上升至 2022 年的 0.1377；贸易竞争力也取得了大幅进步，产品品牌贸易竞争优势从 2011 年的 0.0006 上升至 2022 年的 0.1281，为地区制造业品质品牌树立了良好的形象。值得注意的是，贸易竞争力优势在 2016 年达到峰值后便呈现缓慢的下降趋势，整体从 2011 年的 0.1631 降至 2022 年的 0.1281。此外，河北省制造业质量损失率高居不下，且高于全国平均水平，造成了大量的资源浪费和成本的提升。以消费者需求为导向优化制造工序，融入数字经济带来的智能化、精准化服务，将能够有效解决这一问题。

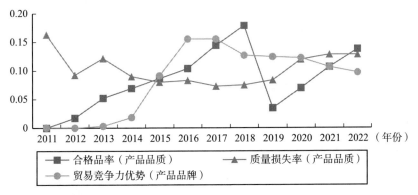

**图 5-9　河北省制造业高质量发展品牌品质水平变动趋势**

资料来源：根据计算结果绘制。

**5. 经济效应水平变动趋势**

2011~2022 年，河北省制造业经济效应的提升并不显著。具体来看，河北省制造业对经济增长的贡献率一直处于30%左右的水平，制造业经营利润甚至呈现波动下降的趋势，2011年为0.1565，至2022年仅为0.0156，而制造业劳动生产率尽管有所提升，从2011年的0.0018上升至2022年的0.1959，但还不足以逆转河北省制造业经济效应水平的整体趋势（见图5-10）。然而，制造业的经济贡献率和经营利润并不是一直呈下滑趋势，两者均在2017年达到高峰后回落。究其原因，一方面，2018年国民经济低迷，而宏观经济政策未能有效应对，从而导致制造业企业税负高、融资难，经营压力大，经济效益降低；另一方面，2018年美国对中国发起贸易战，对我国国际贸易形成一定的阻力，同时，以美国为首的发达国家的"再工业化"导致的制造业回流，大大降低了国际社会对低端制造业产品的需求，而河北省又以低端制造业为主导，从而导致河北省制造业经济效益的下滑。

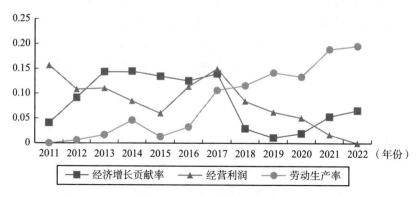

**图5-10 河北省制造业高质量发展经济效益水平变动趋势**

资料来源：根据计算结果绘制。

### 6. 数字化水平变动趋势

制造业企业的数字化、信息化水平是第四次工业革命时期，提升产品质量和生产效率，实现制造业优化升级，在国际竞争中获得优势的关键，也能在一定程度上反映"两业"融合水平。其中，互联网普及情况呈现波动上涨的趋势，由2011年的0.0001上升至2022年的0.12，而企业电子商务应用情况却于2019年达到高峰后开始下降，整体呈缓慢下降趋势，由2011年的0.0831降至2022年的0.0654（见图5-11）。这可能是受到新冠疫情的冲击导致的物流受阻和供应链中断以及地缘政治风险的上升和严峻的国际形势的影响。

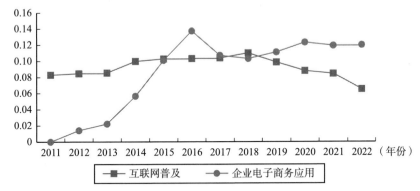

**图 5 – 11 河北省制造业高质量发展数字化水平变动趋势**

资料来源：根据计算结果绘制。

### 7. 开放合作水平变动趋势

开放合作是制造业企业快速取得进步，实现制造业高质量发展的必由之路（马宗国，2020）。2011～2022 年，河北省制造业开放程度不断提高，开放环境不断优化，外资依存度与外贸依存度分别从 2011 年的 0.0513、0.1133 上升至 2022 年的 0.1125、0.1604（见图 5 – 12）。但在外商吸引程度方面的欠缺是阻碍河北省制造业开放合作水平提升的主要因素，

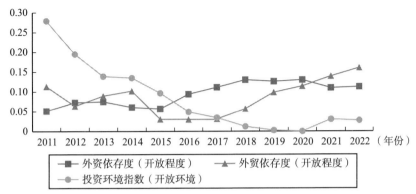

**图 5 – 12 河北省制造业高质量发展开放合作水平变动趋势**

资料来源：根据计算结果绘制。

2011～2022 年，河北省投资环境指数不增反降，从 2011 年的 0.2791 波动下降至 2022 年的 0.0273。然而，投资环境和营商环境的提升是一个综合、复杂的系统工程，需要从人才集聚、政策引导和高效的配套管理等方面同时发力。

### 8. 绿色发展水平变动趋势

在构建的八大一级指标中，绿色发展是阻碍河北省制造业高质量发展的主要因素，其中，环境治理投入力度的欠缺是主要诱因。如图 5 - 13 所示，总体来看，2011～2022 年，河北省制造业绿色发展成效并不显著。虽然污染排放有所减少，污染排放指数由 2011 年的 0.0053 上升至 2022 年的 0.1466，环境治理投资也不断增加，但其增长速度与地区工业发展水平并不匹配，从而导致了评分的下降，由 2011 年的 0.0199 降至 2022 年的 0.0029。此外，能源利用效率的波动也是造成绿色发展水平停滞不前的原因之一。以电力消费量衡量的单位工业增加值能耗于 2011～2019 年持续上涨后下跌，这说明河北省工业可再生能源的使用和推广取得了一定的成效，但存在可再生能源供应不稳定的现象。

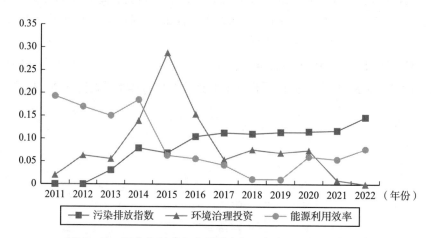

**图 5 - 13　河北省制造业高质量发展绿色发展水平变动趋势**

资料来源：根据计算结果绘制。

（三）小结

综上，2011～2022 年河北省制造业高质量发展水平整体呈现上升的趋势,12 年间制造业高质量发展取得了一定的成效,这主要得益于创新驱动、结构优化、社会保障、品质品牌等方面的提升,而在制造业企业经济效应、数字化水平、开放合作方面的进步并不显著,绿色发展更是成为阻碍河北省制造业高质量发展水平的主要因素。河北省制造业高质量发展的不足主要表现在六个方面。一是在创新驱动方面,R&D 人员投入略显不足;二是在结构优化方面,2017 年以后高端产业的发展速度较为缓慢,仍存在较大的进步空间;三是在社会保障方面,制造业企业的就业吸纳能力有待提升,这需要政府和企业的共同发力;四是在品质品牌和数字化水平方面,贸易竞争力优势上升乏力,质量损失率居高不下成为阻碍高质量发展的主要因素,这要求制造业企业积极探索创新营销、管理、生产模式,与时俱进融入现代化科技力量,更好地匹配消费者需求,注重品牌文化的建立,减少资源浪费,提高生产效率;五是在开放合作方面,外商投资吸引力度不足,需要区域重视综合系统的营商环境优化建设,做好引资后的配套管理工作,从提升区域人才聚集和政务效率等多方面共同发力,营造良好的营商环境和投资环境;六是在绿色发展方面,要进一步加大环境污染治理方面的投入,继续推广工业企业可再生能源的使用,健全能源绿色转型组织协调机制,确保区域清洁能源的持续供应。

## 第三节 河北省"两业"融合发展水平与制造业 高质量发展相关性探讨

产业融合是顺应经济技术发展和社会需要而兴起的综合发展模式,通过在制造环节中融入服务,在服务环节中拓展制造,既能实现产品的价值增值又能确保环境的协调与可持续发展,通过发挥融合后的协同竞争优势,实现"两业"更高效率的创新。显然,"两业"融合不仅能够推动创新能力、产品质量、生产效率的提升,也对产业的绿色协调发展、开放共享、结构优化等方面多有裨益,进而,通过制造业经济效益的提升,服务范围的拓宽,实现更高的就业吸纳和税收贡献,而这些侧面融合在一起就最终构成了制造业高质量发展的内涵。

我们将河北省 2011～2022 年制造业高质量发展水平与"两业"融合

水平变动趋势结合起来分析。如图5-14所示，可以看到，2013年，河北省先进制造业与现代服务业的耦合协调度发生了小高峰式的波动，而与此同时，河北省制造业高质量发展水平也在2014年表现出强劲的增长态势。2016年出现的"两业"融合程度的波峰也在2016～2017年河北省制造业高质量发展水平的增长中得到体现。此外，2019年，河北省"两业"融合水平的提高也伴随着制造业高质量发展水平于2019～2022年的持续提高。

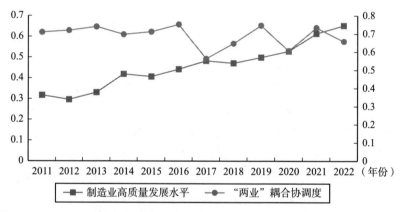

**图5-14　2011～2022年河北省制造业高质量水平与"两业"融合水平变动趋势**
资料来源：根据计算结果绘制。

河北省"两业"融合发展水平与制造业高质量发展的协调趋势反映了两者之间必然存在高度的相关性，但这种相关可能是存在滞后效应的。那么，具体的，两者将通过什么样的路径相互影响，本书第六章将进行深入的机制分析，并在第七章利用计量模型对两者之间的关系及其作用机理进行实证研究，通过数据分析给出确切答案。

# 第六章 "两业"融合推动河北省制造业高质量发展的作用机制

## 第一节 "两业"融合推动制造业高质量发展的数理分析

### 一、"两业"融合提高制造业生产效率

本书借鉴陈胜棋（2022）的做法对产业融合提高制造业生产效率进行数理模型推导。

假设经济系统由制造业（M）与现代服务业（S）两个部门组成，生产函数符合柯布道格拉斯（Cobb – Douglas）函数形式；"两业"融合过程中，规模报酬、储蓄率与人口增长率稳定不变。模型推导如下：

$$M = (\gamma L)^\alpha K^\beta S^\varphi$$

$$S = \left[ (1 - \rho)L \right]^\mu M^\sigma$$

$$\dot{K} = \omega Y - \delta K$$

$$\dot{L} = nL$$

$$g_k = \frac{\dot{K}}{K}$$

$$g_s = \frac{\dot{S}}{S}$$

其中，$M$ 表示制造业产量，$S$ 表示现代服务业的供给，$L$ 表示劳动力供给，$K$ 表示资本供给；$\gamma$ 代表制造业的劳动力占总劳动力的份额，$\alpha$、

$\beta$、$\varphi$ 分别代表制造业中劳动、资本与服务的产出弹性，且 $0 < \alpha$、$\beta$、$\varphi <$ $1$；$\mu$ 表示现代服务总产出中劳动的产出弹性，$\sigma$ 表示现代服务总产出中制造业投入的产出弹性，且 $0 < \mu$、$\sigma < 1$；$\omega$、$\delta$、$n$ 表示储蓄、折旧与人口变动的比率或水平，$0 < \omega < 1$，$\delta > 0$，$n > 0$。通过一般均衡分析得到结果：

$$\frac{\partial g_k}{\partial \varphi} = \frac{(1-\beta)\mu n + \alpha n \sigma}{(1-\beta-\varphi\sigma)^2} > 0$$

$$\frac{\partial g_s}{\partial \varphi} = \frac{(\mu+\alpha\sigma)n\sigma}{(1-\varphi\sigma)^2} + \frac{n\sigma^2}{(1-\varphi\sigma)^2}\frac{(\mu\varphi+\alpha)n}{1-\beta-\varphi\sigma} + \frac{\beta\sigma}{1-\varphi\sigma}\frac{(1-\beta)\mu n+\alpha n\sigma}{(1-\beta-\varphi\sigma)^2} > 0$$

可知，当现代服务业对制造业投入（$\mu$）增加，制造业产出增长率提升。

$$\frac{\partial g_k}{\partial \sigma} = \frac{(\mu\varphi+\alpha)n\varphi}{(1-\beta-\varphi\sigma)^2} > 0$$

$$\frac{\partial g_s}{\partial \sigma} = \frac{(\mu n+\alpha n\sigma)\varphi}{(1-\varphi\sigma)^2} + \frac{(\mu\varphi+\alpha)n\varphi\sigma\beta}{(1-\beta-\varphi\sigma)^2} > 0$$

可知，当制造业对现代服务业的投入（$\sigma$）增加，现代服务业产出增长率提升。因此，"两业"融合能够提升制造业和现代服务业的生产效率。

## 二、"两业"融合提升制造业经济绩效

在市场活动中，生产者的行为不是完全独立的，凯恩斯在 1936 年就注意到了经济市场中的模仿行为，他将跟随别人进行投资生产的行为称为"跟随羊群"，指生产者经常依赖或模仿其他生产者的行为。因为在经济社会中，生产者不是同质的，有先进企业和落后企业之分，同时这些企业也会有先动与后动之分。先动企业往往能够获得更高的技术水平，生产出了有差异化的产品，进而成为市场中的先进企业，其他企业为了能够达到与先动企业相同的技术等条件而提高自身竞争优势，就会模仿先动企业的行为，逐渐达到了产业融合的水平。

本书参考陈胜棋（2022）与马健（2003）的做法，对产业融合提升制造业经济绩效进行数理模型推导。

### （一）产业内企业之间的模仿行为

假设制造业某产业内拥有 $n+1$ 家企业 $m_0$，$m_1$，$m_2$，$\cdots$，$m_n$，$m_0$ 是

先进企业，即市场中的先动企业。为了提高企业自身的竞争优势获得更大的利益，其他企业（$m_1$）必然会模仿先动企业（$m_0$）的生产行为，下一阶段，$m_2$又会模仿$m_1$的生产行为，$m_n$会模仿$m_{n-1}$的生产行为，这个过程持续下去就会导致产业内所有企业的生产模式改变，形成了新的融合产业。产业融合过程在企业之间的扩散结果为：

$$Q_{m_0} = Q_{m_0}$$
$$Q_{m_1} = SQ_{m_0}$$
$$Q_{m_2} = SQ_{m_1}$$
$$\cdots$$
$$Q_{m_n} = SQ_{m_{n-1}}$$

其中，$Q$表示产业中的企业数量或者产量，$S$为模仿扩散率，表示后动企业与先动企业的数量比或者产量之比。将上述式子进行加总，得到模仿扩散过程中的融合厂商总数或总产量为：

$$Q_m = \sum_{i=0}^{n} Q_{m_i} = \frac{1}{1-k} Q_{m_0}$$

通过上述公式推导，后动企业对先动企业的模仿，最终融合的厂商数或总产量是先动企业的$1/1-k$倍，即乘数效应。因此，通过产业内企业的学习过程，该产业内的大多数企业获得了更高的技术水平，甚至有企业进行了转型升级，从而该产业获得了升级。

### （二）产业之间的模仿行为

上述先进行融合的产业为新兴产业，且与其他产业具有广泛的关联性，那么该产业与其他产业进行融合，就会提高其余产业的技术水平。假设制造业包含$p$个产业部门，每个产业包含$j$家企业，则每个产业融合后的产量为：

$$Q_p = Q_{p_1} + Q_{p_2} + \cdots + Q_{p_j} = \sum_{j=1}^{n} Q_{p_j}$$

将各个产业的产出加总得到总产出为：

$$Q = Q_1 + Q_2 + \cdots + Q_p$$

综上所述，产业内的企业通过模仿学习，企业的技术水平等得到了提高，同时也推动了产业升级，进而制造业内所有产业均参与了融合过程，整个制造业的产出增加。

## 三、"两业"融合优化制造业产业结构

产业结构优化升级指产业结构向合理化和高度化方向不断发展的过程。合理化是基础，高度化是关键。产业结构高度化表现为高附加值和高技术化、高集约化和高加工度化，高附加值是通过产业普遍应用高新技术，增加产品附加值，从而实现产业高附加值和高技术化；高集约化指合理的产业组织带来的高规模经济效益；高加工度化指提高产业在产业链中的位置（齐亚伟和刘丹，2014）。本小节参考赵新华（2013）对两业融合优化制造业产业结构进行数理模型推导。

假设经济系统由制造业部门与现代服务业部门组成，且只生产一种最终产品，最终产品的替代弹性为 $\varepsilon$（$\varepsilon \geq 0$）；市场为完全竞争市场；两部门的生产函数为常替代弹性生产函数（CES）形式，中间产品的生产函数满足柯布道格拉斯（Cobb－Douglas）函数形式；将制造业部门看作劳动密集型产业，现代服务业部门看作资本密集型产业，一般情况下，资本密集型产业拥有更高的技术水平。

总产出函数为：

$$Y = \left[ \gamma Y_1^{\frac{\varepsilon-1}{\varepsilon}} + (1-\gamma) Y_2^{\frac{\varepsilon-1}{\varepsilon}} \right]^{\frac{\varepsilon}{\varepsilon-1}}$$

其中，$Y$ 表示市场的总产出，$Y_1$ 表示制造业部门的产出，$Y_2$ 表示现代服务业部门的产出；$\gamma$ 表示制造业部门的产品产出占总产出的比重，$0 < \gamma < 1$。

$$Y_1 = \left( \int_0^{M_1} y_1(i)^{\frac{v-1}{v}} di \right)^{\frac{v}{v-1}}$$

$$Y_2 = \left( \int_0^{M_2} y_2(i)^{\frac{v-1}{v}} di \right)^{\frac{v}{v-1}}$$

其中，$y_1(i)$，$y_2(i)$ 分别表示制造业部门 $Y_1$ 和现代服务业部门 $Y_2$ 的中间投入，$M_1$，$M_2$ 分别表示两个部门的中间投入品的种类，$v$ 表示中间产品的替代弹性，且 $v > 1$。

中间产品的生产函数为：

$$y_1(i) = A_1 l_1(i)^{\theta_1} k_1(i)^{1-\theta_1}$$

$$y_2(i) = A_2 l_2(i)^{\theta_2} k_2(i)^{1-\theta_2}$$

其中，$l$ 和 $k$ 分别表示劳动力投入与资本投入量，$\theta_1$，$\theta_2$ 分别表示两

部门的劳动投入弹性，$A_1$，$A_2$ 分别表示两部门中间产品的技术水平。由于将制造业部门看作劳动密集型产业，现代服务业部门为资本密集型企业，则有 $\theta_1 > \theta_2$，$A_1 < A_2$。

本小节进行均衡分析后，得到结果：

$$\ln\left(\frac{\gamma}{1-\gamma}\right) = \ln\theta_2 - \ln\theta_1 + \frac{\varepsilon-1}{(v-1)}\ln\left(\frac{M_2}{M_1}\right) + \frac{\varepsilon-1}{\varepsilon}\ln\left(\frac{A_2}{A_1}\right) +$$

$$\left(1 - \theta_2\frac{\varepsilon-1}{\varepsilon}\right)\ln\left(\frac{w(1-\theta_2)}{r\theta_2}\right) +$$

$$\left(\theta_1\frac{\varepsilon-1}{\varepsilon} - 1\right)\ln\left(\frac{w(1-\theta_1)}{r\theta_1}\right) - \frac{1}{\varepsilon}\ln\left(\frac{K_2}{K_1}\right)$$

其中，$w$，$r$ 分别表示劳动和资本的价格，对上述式子进行求导：

$$\frac{d\ln\gamma}{d\ln M_1} = -\frac{d\ln\gamma}{d\ln M_2} = -(1-\gamma)\frac{\varepsilon-1}{(v-1)\varepsilon}$$

$$\frac{d\ln\gamma}{d\ln A_1} = -\frac{d\ln\gamma}{d\ln A_2} = -(1-\gamma)\frac{\varepsilon-1}{\varepsilon}$$

当 $\varepsilon > 1$ 时，资本密集产业中间投入（$M_2$）增加，劳动密集产业的产品比重（$\gamma$）会下降；资本密集产业生产技术水平（$A_2$）提高，劳动密集型产业的产品比重（$\gamma$）也会下降，因此，产业结构出现升级。

# 第二节 "两业"融合推动制造业高质量发展的机制分析

制造业是国民经济的根基，制造业高质量发展是我国避免陷入"中等收入陷阱""鲍莫尔病"，进而成功实现制造业由大转强的重要抓手。对于制造业高质量发展的具体内涵，学术界尚未形成一致定论，但现有研究也为制造业高质量发展的测度、理论框架与实现路径等方面做了有益探索。例如，尹彦罡等（2023）对制造业高质量发展的内涵进行剥离和重组，认为制造业高质量发展的着力点在于创新驱动、产业融合及结构优化这三大方面。刘国新等（2020）以经济高质量发展的内涵为基础，提出制造业高质量发展的理论框架，认为其主要包括经济效益、创新发展力的提升、产业结构、生态环境的优化以及开放程度的提高。傅为忠等（2020）则实证检验了制造业高质量发展的驱动因素，结果显示，创新驱动是制造业高质量发展的首要驱动因素，其次是质量效益和人才集聚，产业结构优化和绿色发展的重要性逐渐凸显。因此，综合来看，制造业高质量发展是一个多方融合的复杂概念，主要涉及创新驱动、产业结构、生态环境、营商环境、对外开放、人才集聚、经济效益、品质品牌、融合发展、社会保障这十个维度的共同助力。

"两业"融合发展的思想由来已久，是制造业高质量发展的重要着力点。21 世纪，在经济全球化和第四次工业革命的推动下，传统的三次产业占比等指标已不足以指导各国产业继续向前发展，制造业服务化和产业融合日益成为产业发展的潮流风向（郭朝先，2019），生产性服务业、制造业服务化、产品服务系统、服务型制造等相关概念如雨后春笋。2018年，中央经济工作会议首次提出要推动先进制造业和现代服务业的深度融合发展。2022 年《河北省制造业高质量发展"十四五"规划》提出八项行动助力制造业高质量发展，以融合发展铸就河北省制造业发展新动能是其中关键一项。可见，"两业"融合的重要性越来越得到官方的认可与重视，那么"两业"融合究竟将如何推动制造业高质量发展？其原理与传导路径是什么？对这个问题的深入研究，将有助于我们准确把握"两业"融合的方向与力度，为国家政策和企业战略的制定提供参考，丰富相关理论基础。

现有文献已对"两业"融合促进制造业高质量发展方面的研究做了有益探索，普遍认为，"两业"融合将通过技术创新、成本效应、溢出效应、资源优化配置效应等中介促进制造业发展。但研究也存在不足之处：一是对"两业"融合促进制造业发展方面的研究主要集中于对制造业价值链地位的提升作用、产业升级以及全要素生产率的提升等方面，范围较狭隘，对制造业高质量发展的影响的研究较少；二是，在研究方法的选择上多使用理论分析，缺乏实证检验和数据支撑。本节将首先结合现有文献与相关理论基础，对"两业"融合促进制造业高质量发展的机制进行全面的梳理和总结，并在后文进行实证检验。

## 一、"两业"融合将通过降低成本促进制造业高质量发展

高质量发展的本质在于发展，经济效益的提升是制造业高质量发展的基础。数额巨大的经济效益将能够给企业带来更多资金用于延长产业链、

开发新产品、打造品牌效应、树立企业形象、优化产品服务，从而进一步提升企业经济效益，形成良性循环。

（一）现代服务元素融入研发环节能够提升产品研发效率，从而降低研发成本

现代服务业包括信息技术服务业、科学研究和技术服务业、金融业、现代商贸服务业、现代生活服务业、现代公共服务业、融合发展服务业这七个大类。其中，信息技术、商贸物流、金融咨询等现代服务的投入能够有效提高企业生产效率，而技术服务业的融入以及服务外包等中间服务投入方式也能够加快企业研发周期，从而降低成本。

（二）现代服务元素融入生产环节能够降低人力成本、库存成本、管理成本

在"两业"融合的具体路径中，智能工厂和柔性化定制生产是典型的例子。智能工厂将互联网平台等数字技术融入工厂建设中，通过生产线的智能化改造以及数据采集、监视控制系统等配套设施，在一定程度上实现自动化生产和远程管理的基础上，降低人力资源的需求，进而降低人力成本和企业内部的协调和管理成本。而柔性生产则是以客户为导向，通过市场需求与生产供给的精准对接，优化企业生产决策，从而降低存货比率，减少库存成本。此外，灵活的生产模式也能够在一定程度上减少产品的质量损失，及时发现错误并找出出错环节，大大降低产品的质量损失率和成品的返工比率，提高资源利用效率，降低成本损失。

（三）现代服务元素融入营销环节能够简化销售层级，削减中间交易成本

现代服务元素融入营销环节能够简化销售层级，削减中间交易成本，从而提高投入产出效率，同时，制造业企业加强营销，能够推动企业经营更多地向价值链增值环节延伸，提高企业盈利能力。此外，信息处理与传播技术带来的市场信息的及时传播也能够使供应商更加精确地应对需求变化，降低成本损失。当前，我国已涌现出以百度、阿里巴巴、腾讯和京东为首的竞争实力强劲的平台企业，构成了我国两业融合发展的重要成果及关键基础（郭朝先，2019），通过此类平台，制造业企业能够实现与消费

者的直接对接，减少中间环节，提高经营利润。除此之外，工业互联网平台的建立也能帮助制造业企业更多地参与到产业链下游的营销及产品的延伸服务环节，增加产业附加值。

换言之，在信息技术快速发展的当下，企业产品竞争力不再仅仅来源于传统制造活动的效率，更来源于内部组织、管理和服务的有效提供（刘继国等，2007），而制造业服务化即是快速提升效率、在竞争中获得优势的关键。需要指出的是，"两业"融合成本效应的作用方向并不总是负向的。向制造业注入服务化元素也会在一定程度上带来成本的提高（窦大鹏等，2022），如较高的劳动力价格以及制造业企业进入服务领域所产生的额外竞争成本等。但综合来看，服务元素的注入带来的成本降低和效益提升作用是巨大的，足以抵消转型时期的阵痛。

## 二、"两业"融合将通过推动技术创新促进制造业高质量发展

熊彼特的创新理论认为，生产要素的不同组合形式即是一种创新，从这个角度来看，"两业"融合本身就是制造业的一种创新发展模式。在推进过程中，制造业企业会不断进行探索，加强研发力度，由此引发的技术创新效应将不断推动制造业高质量发展。可以说，产业融合的核心就在于创新（吴颖，2005）。

### （一）服务外包促进专业化生产与多样化合作

服务外包等中间服务投入方式给企业提供了向专业企业学习的机会，从而有利于企业人力资本的积累和创新能力的提升。产业融合为产业协同集聚创造了良好的平台（宋林，2024），而产业集聚一方面通过专业化分工，合理分配资源，集中力量生产最具效率和优势的产品，从而增加创新成果产生的概率；另一方面，通过多样化合作，营造既有互补性又有差异性的创新环境，促使人力资源的深化和创新能力的提高。同时，"两业"融合还会产生知识溢出效应，参与企业能够相互借鉴和吸收彼此创新成果，从而催生新的技术创新与合作。

### （二）差异化竞争推动企业盈利能力与创新活力的提升

产业融合能够快速实现产品创新，实现差异化竞争。长期以来，严重

的产品同质化造成的产品竞争力低下是我国制造业企业面临的主要问题之一。产品同质化导致市场竞争主要以"价格战"的方式展开，使企业获利甚微。服务元素的融入使制造业企业不仅是产品的"售卖者"更是服务的提供商，由于服务的可见度低、劳动依赖度高，因此较难模仿，能够成为竞争优势的持续来源（Oliva，2003），商品的价值和销量以及差异化水平借此得以提高，进而有效提升了企业的盈利能力。服务创新已成为制造业创新的一种重要形式，成为制造业创新活力的重要来源、提升竞争力的重要途径（郭朝先，2019）。

（三）服务要素投入催生新业态，推动制造企业转型升级

由于生产性服务业本身就具有明显的知识和技术密集特征，在与制造业的融合过程中，其高知识性和高技术性能够促使新技术、新业态、新模式的出现。如"虚拟"产业园、云端数字工厂等，都是现代服务业融入先进制造业后催生新业态、新发展模式的典型案例。在这样的新模式下，消费者需求得到刺激，制造业企业的生产效率得以提升，产业链得以延长，更高的需求、生产力以及技术可得性使企业技术研发的能力和动力得以提高进而推动新产品的研发和高技术企业的发展，产品结构与产业结构的提高进一步催生企业转型升级和结构优化。

（四）"两业"融合加剧竞争，倒逼制造企业自主创新

"两业"融合导致更多的服务业进入制造业领域。一方面，企业数量的增加将加剧行业内的竞争水平，迫使制造业企业进行技术开拓以保证自己的市场份额；另一方面，龙头企业的融合创新也将带领落后的制造企业不断进行学习和模仿，催生新技术的诞生，在这样的环境下，龙头企业为保住自己的市场地位便会继续进行新技术的开拓与研发，如此循环往复，制造业企业的创新驱动力将得到充分释放。

## 三、"两业"融合将通过溢出效应促进制造业高质量发展

溢出效应指某项活动在进行时不仅会产生预期的结果，还会对相关的其他主体或社会产生一定的影响。具体来看，"两业"在融合过程中，除

所能预期到成本效应、技术创新效应带来的经济效益的提升、产业结构的优化等，还将产生环境效应、集聚效应、规模化效应、人力资源升级效应和资源优化配置效应等溢出效应。

（一）环境效应助推绿色发展

"两业"融合将产生环境效应，推动制造业企业绿色发展水平的提高。有学者通过实证研究发现，服务化制造企业的清洁生产水平显著高于其他制造业企业。从具体传导机制来看，一是生产性服务业与数字经济紧密结合，其融入制造业产业链的全过程能够显著优化制造业生产模式，一部分自然资源使用被服务要素的投入所替代，从而能够减少制造业企业对能源等要素的使用和依赖，进而减少能源消耗与污染排放；二是服务外包避免制造业企业对服务领域的大量投入，在一定程度上降低生产成本。专业化生产的企业拥有更多的资源进行规模扩张，因而企业减排设备和污染治理投资的固定成本得以分摊，有助于企业进行更多的污染治理投资，促进绿色生产；三是"两业"融合带来的技术水平的提高有助于制造业企业向价值链的上游攀升，更多从事低污染的高端生产环节，本身有助于降污减排，从而建立更加绿色的运营系统。

（二）产业集聚实现规模效应

"两业"融合将带来产业集聚，促使制造业企业规模效应的实现。产业集聚是空间溢出效应发挥作用的基础，分为专业化集聚和多样化集聚两种类型，其中，专业化集聚能够产生规模效应，多样化集聚有助于区域协同互补，实现成本的降低和创新能力的提升。实际上，制造业与服务业在一定程度上可以视为产业链的上下游，"两业"融合产生的产业集聚效应推动相关产业专业化和多样化分工的同时形成的地理集聚也降低了企业间的成本，成本的降低和专业化分工使企业能够集中资源高效生产，最终实现规模扩张，规模扩张带来的成本降低则将进一步提升了企业经营绩效，推动制造业高质量发展。此外，地理距离的临近在促进制造业升级的同时也能够进一步深化"两业"融合程度，从而带来更多的服务需求，如此形成产业循环，不断推动先进制造业和现代服务业向上发展。

### (三)"两业"融合促进人力资本积累

"两业"融合将推动人力资源的提升。根据要素禀赋理论,人力资本要素丰裕程度较高的国家生产资本密集型产品更具有比较优势,而高技术类产品即具有资本密集的特点,因此,人力资本的积累将有助于制造业生产效率的提升和产业结构的优化。随着"两业"融合的不断推进,一方面,制造业企业对复合型高技能人才的需求不断增加,进而促使相关人力资源的产生。另一方面,"两业"融合的进程涉及先进制造业和现代服务业不断地交织、嵌入、重组,这一过程为相关从业人员提供了优良的学习环境和专业化的学习机会,从而能够推动人力资本的积累,扩大人才储备。除此之外,数字化技术和新型信息平台等现代服务业元素本身也为从业人员提供了高效快速的知识学习和积累渠道(崔丽影等,2023)。因此,"两业"融合将通过优化人力资源要素推动制造业优化升级。值得一提的是,"两业"融合催生的大量复合型高素质人才也要求大量与之匹配的就业岗位,当国内服务化制造业企业不能满足大量的就业需求时,将促使国内相关企业向国外市场进行拓展(刘继国,2007),为国外制造业企业提供服务外包业务,从而提升相关企业的就业吸纳能力,这在一定程度上能够推动开放合作和社会保障水平的提高,进一步促进制造业的高质量发展。

### (四)"两业"融合优化资源要素配置

"两业"融合还将通过优化资源要素配置推动制造业高质量发展。一方面,制造业对服务业形成的大量需求有助于提升服务业企业的竞争压力和规模经济,从长期来看,能够形成专业化规模化的生产,从而导致服务产品价格的下降,服务要素的成本降低能够帮助制造业企业降低生产成本,提升生产效率的同时拿出更多的资源从事专业化生产,形成高效的分工模式;另一方面,服务要素的投入由于其本身具有的"知识密集"特征,能够直接提升制造业产业内高端生产要素的投入占比,进而推动制造业价值链攀升,促进制造业高质量发展。另外,"两业"融合的本质是产业间壁垒的破除,而这推动了生产要素在产业间的自由流通,生产要素从边际产出低的部门转移至边际产出高的部门,由此自动缓解了可能存在的资本错配问题(宋林,2023)。

综上，"两业"融合主要通过成本效应、技术创新效应、溢出效应这三个中介机制推动制造业经济效益、品质品牌、创新驱动、结构优化、绿色发展、数字化水平、社会保障、开放合作水平的提升，进而对制造业高质量发展产生积极的促进作用。其中，成本效应包括研发成本、人力成本、库存成本、管理成本、中间成本的削减，通过降低成本、提升生产效率和产品竞争力、降低质量损失率等途径，推动制造业企业的经济效益、品质品牌、数字化水平的提高，进而促进制造业高质量发展；技术创新效应主要通过推动制造业企业创新能力的提升、产品差异化水平的提升以及催生新业态新模式、加剧竞争倒逼自主创新等方式促进制造业企业的创新驱动、结构优化水平的提升进而推动制造业高质量发展；溢出效应主要通过环境效应、集聚效应和规模效应，促进人力资本积累以及资源优化配置，促使制造业企业开放合作、社会保障、绿色发展水平提高，进而推动制造业高质量发展。

"两业"融合推动制造业高质量发展的作用路径如图6-1所示。

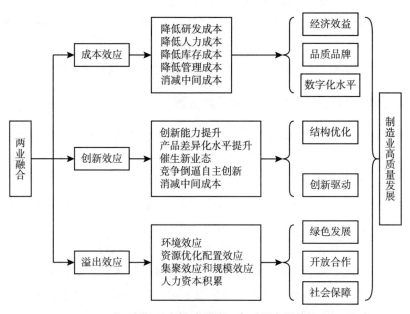

图6-1　"两业"融合推动制造业高质量发展的作用机理

# 第七章 "两业"融合影响河北省制造业高质量发展的实证检验

## 第一节 VAR 模型介绍及模型设定

### 一、VAR 模型介绍

向量自回归模型（Vector Autoregression，VAR）由西姆斯（Sims）在 1980 年提出，该模型被用来分析"多变量时间序列（multivariate time series）"，以数据的统计性质为模型基础，不需要经济理论作为基础，分析与预测多个经济指标，且 VAR 模型可使用脉冲响应分析解释各种经济冲击对相关变量产生的影响。VAR 模型常用于预测相互联系的时间序列系统以及分析随机扰动对变量系统的动态影响，主要应用于宏观经济学，是处理多个相关经济指标的分析与预测中最容易操作的模型之一。

### 二、模型设定

假设有两个时间序列变量 $y_{1t}$，$y_{2t}$，分别作为两个回归方程的被解释变量，解释变量为这两个变量的 $\rho$ 阶滞后值，则构成一个二元的 VAR（$\rho$）系统：

$$\begin{cases} y_{1t} = \beta_{10} + \beta_{11}y_{1,t-1} + \cdots + \beta_{1\rho}y_{1,t-\rho} + \gamma_{11}y_{2,t-1} + \cdots + \gamma_{1\rho}y_{2,t-\rho} + \varepsilon_{1t} \\ y_{2t} = \beta_{20} + \beta_{21}y_{1,t-1} + \cdots + \beta_{2\rho}y_{1,t-\rho} + \gamma_{21}y_{2,t-1} + \cdots + \gamma_{2\rho}y_{2,t-\rho} + \varepsilon_{2t} \end{cases}$$

其中，$\beta$、$\gamma$ 分别为解释变量的待估系数，$y_{1,t-1}$ 变量为 $y_{1t}$ 的一阶滞后项，$y_{1,t-\rho}$ 为变量 $y_{1t}$ 的 $\rho$ 阶滞后项，$y_{2,t-1}$ 变量为 $y_{2t}$ 的一阶滞后项，$y_{2,t-\rho}$ 为变量 $y_{2t}$ 的 $\rho$ 阶滞后项，$\varepsilon_{1t}$、$\varepsilon_{2t}$ 均为白噪声过程，因此不存在自相关。将上述方程写成矩阵形式如下：

$$\begin{bmatrix} y_{1t} \\ y_{2t} \end{bmatrix} = \begin{bmatrix} \beta_{10} \\ \beta_{20} \end{bmatrix} + \begin{bmatrix} \beta_{11} \\ \beta_{21} \end{bmatrix} y_{1,t-1} + \cdots + \begin{bmatrix} \beta_{1\rho} \\ \beta_{2\rho} \end{bmatrix} y_{1,t-\rho} + \begin{bmatrix} \gamma_{11} \\ \gamma_{21} \end{bmatrix} y_{2,t-1} + \cdots + \begin{bmatrix} \gamma_{1\rho} \\ \gamma_{2\rho} \end{bmatrix} y_{2,t-\rho} + \begin{bmatrix} \varepsilon_{1t} \\ \varepsilon_{2t} \end{bmatrix}$$

将同期变量写为列向量，并把相应的系数合并为矩阵，上述方程变形为：

$$\begin{bmatrix} y_{1t} \\ y_{2t} \end{bmatrix} = \begin{bmatrix} \beta_{10} \\ \beta_{20} \end{bmatrix} + \begin{bmatrix} \beta_{11} & \gamma_{11} \\ \beta_{21} & \gamma_{21} \end{bmatrix} \begin{bmatrix} y_{1,t-1} \\ y_{2,t-2} \end{bmatrix} + \cdots + \begin{bmatrix} \beta_{1\rho} & \gamma_{1\rho} \\ \beta_{2\rho} & \gamma_{2\rho} \end{bmatrix} \begin{bmatrix} y_{1,t-\rho} \\ y_{2,t-\rho} \end{bmatrix} + \begin{bmatrix} \varepsilon_{1t} \\ \varepsilon_{2t} \end{bmatrix}$$

设 $Y_t = \begin{bmatrix} y_{1t} \\ y_{2t} \end{bmatrix}$，$\Pi_0 = \begin{bmatrix} \beta_{10} \\ \beta_{20} \end{bmatrix}$，$\Pi_1 = \begin{bmatrix} \beta_{11} & \gamma_{11} \\ \beta_{21} & \gamma_{21} \end{bmatrix}$，$\Pi_\rho = \begin{bmatrix} \beta_{1\rho} & \gamma_{1\rho} \\ \beta_{2\rho} & \gamma_{2\rho} \end{bmatrix}$，$\varepsilon_t = \begin{bmatrix} \varepsilon_{1t} \\ \varepsilon_{2t} \end{bmatrix}$，可得：

$$Y_t = \Pi_0 + \Pi_1 Y_{t-1} + \cdots + \Pi_\rho Y_{t-\rho} + \varepsilon_t$$

该方程即为含有两个变量、滞后 $\rho$ 期的 VAR 模型方程。

# 第二节 变量选择与数据处理

## 一、变量选择

本章旨在研究河北省"两业"融合度对河北省制造业高质量发展水平的影响，因此，被解释变量和解释变量分别选取河北省制造业高质量发展水平（*Level*）和河北省两业融合度（*Convergence*），两变量的具体测算方法和测算结果在第五章第一节和第二节已经给出，此处不再赘述；此外，高质量人力资本能够促进行业的高技术发展，推动产业结构升级，进而使制造业高质量发展。所以，本章将劳动力素质（*Wage*）同样作为解释变量，参考唐晓华等（2018）的做法，用制造业城镇非私营单位就业人员平均工资量化劳动力素质。具体变量说明见表7-1。

表7-1 模型中的变量和说明

| 变量性质 | 变量名称 | 符号表示 | 表示意义 |
|---|---|---|---|
| 被解释变量 | 河北省制造业高质量发展水平 | *Level* | 河北省制造业整体发展水平指数 |
| 解释变量 | 河北省"两业"融合度 | *Convergence* | 河北省先进制造业与现代服务业的耦合协调度 |
| 解释变量 | 劳动力素质 | *Wage* | 河北省制造业城镇非私营单位就业人员平均工资（单位：元） |

资料来源：笔者整理。

## 二、数据说明与处理

本章选取2011～2022年的年度数据进行分析，具体如表7-2所示。

表7-2 2011～2022年相关数据

| 年份 | *Level* | *Convergence* | *Wage*（单位：元） |
|---|---|---|---|
| 2011 | 0.3170 | 0.7094 | 32503 |
| 2012 | 0.2999 | 0.7192 | 36613 |
| 2013 | 0.3368 | 0.7397 | 40169 |
| 2014 | 0.4279 | 0.6970 | 43950 |
| 2015 | 0.4179 | 0.7117 | 47678 |
| 2016 | 0.4562 | 0.7521 | 50970 |
| 2017 | 0.5075 | 0.5629 | 58479 |
| 2018 | 0.5051 | 0.6464 | 65363 |
| 2019 | 0.5422 | 0.7463 | 68754 |
| 2020 | 0.5753 | 0.6058 | 72268 |
| 2021 | 0.6663 | 0.7341 | 80289 |
| 2022 | 0.7047 | 0.6584 | 83288 |

资料来源：河北省制造业高质量发展水平与"两业"融合度数据由笔者计算整理；劳动力素质数据来源于《河北省统计年鉴》。

为了消除数据可能存在的异方差情况，本章对劳动力素质指标取自然对数 LnWage，取对数后的向量自回归模型（VAR）可表示为：

$$Level = \alpha + \beta_1 Convergence + \beta_2 LnWage + \varepsilon_t$$

其中，$\alpha$ 为常数项，$\beta_1$、$\beta_2$ 为解释变量的待估系数，$\varepsilon_t$ 为随机干扰项。本章的原始数据取对数之后的数值见表 7 - 3。本章采用单位根检验、Johansen 协整检验、根据 AIC 准则确定滞后阶数、建立 VAR（2）模型、脉冲响应分析、方差分解、最小二乘估计、格兰杰因果检验进行实证分析，使用的数据分析软件为 EViews10.0。

表 7 - 3                原始数据取对数后的数值

| 年份 | Level | Convergence | LnWage |
|------|-------|-------------|--------|
| 2011 | 0.3170 | 0.7094 | 10.3891 |
| 2012 | 0.2999 | 0.7192 | 10.5082 |
| 2013 | 0.3368 | 0.7397 | 10.6009 |
| 2014 | 0.4279 | 0.6970 | 10.6908 |
| 2015 | 0.4179 | 0.7117 | 10.7722 |
| 2016 | 0.4562 | 0.7521 | 10.8390 |
| 2017 | 0.5075 | 0.5629 | 10.9764 |
| 2018 | 0.5051 | 0.6464 | 11.0877 |
| 2019 | 0.5422 | 0.7463 | 11.1383 |
| 2020 | 0.5753 | 0.6058 | 11.1881 |
| 2021 | 0.6663 | 0.7341 | 11.2934 |
| 2022 | 0.7047 | 0.6584 | 11.3300 |

资料来源：根据表 7 - 2 数据取对数后整理。

## 第三节  实证结果与分析

### 一、单位根检验

VAR 模型的估计结果具有可信度的前提是时间序列数据是平稳的，

如果变量是不平稳的时间序列，则需要检验变量之间的协整关系。因此，本节先检查时间序列的平稳性，采用 ADF 单位根检验，检验结果见表 7 - 4。

表 7 - 4 　　　　　　　　　　　单位根检验结果

| 变量 | 1%显著水平 | 5%显著水平 | 10%显著水平 | ADF 值 | P 值 | 结论 |
|---|---|---|---|---|---|---|
| *Level* | - 4. 200056 | - 3. 175352 | - 2. 728985 | - 0. 506907 | 0. 9776 | 不平稳 |
| $D(Level, 1)$ | - 4. 297073 | - 3. 212696 | - 2. 747676 | - 4. 236969 | 0. 0109 | 平稳 |
| $D(Level, 2)$ | - 4. 582648 | - 3. 320969 | - 2. 801384 | - 5. 427884 | 0. 0038 | 平稳 |
| *Convergence* | - 4. 200056 | - 3. 175352 | - 2. 728985 | - 3. 965428 | 0. 0144 | 平稳 |
| $D(Convergence, 1)$ | - 4. 420595 | - 3. 259808 | - 2. 771129 | - 5. 078906 | 0. 0043 | 平稳 |
| $D(Convergence, 2)$ | - 4. 582648 | - 3. 320969 | - 2. 801384 | - 6. 639719 | 0. 0011 | 平稳 |
| Ln*Wage* | - 4. 200056 | - 3. 175352 | - 2. 728985 | - 1. 743742 | 0. 3852 | 不平稳 |
| $D(\text{Ln}Wage, 1)$ | - 4. 297073 | - 3. 212696 | - 2. 747676 | - 2. 762950 | 0. 0977 | 不平稳 |
| $D(\text{Ln}Wage, 2)$ | - 4. 582648 | - 3. 320969 | - 2. 801384 | - 4. 111540 | 0. 0180 | 平稳 |

注：滞后阶数根据 EViews 软件 SC 准则默认值确定；$D(\text{Ln}X, 1)$ 表示 Ln$X$ 的一阶差分，$D(\text{Ln}X, 2)$ 表示 Ln$X$ 的二阶差分。

资料来源：EViews10. 0 统计输出。

从检验结果可知，"两业"融合度的 P 值为 0. 0144，小于 0. 05，拒绝原假设，表示该时间序列是平稳的；但是制造业高质量发展水平与劳动力素质的 ADF 统计值均大于各自 1%、5% 和 10% 的显著水平，且 P 值均大于 0. 05，不能拒绝存在单位根的原假设，则这两个序列是不平稳的，因此，需要对三个变量进行一阶差分处理。从一阶差分后的数据可知，河北省制造业高质量发展水平与"两业"融合度的 P 值均小于 0. 05，表示这两个序列是平稳的；而劳动力素质的 P 值大于 0. 05，则该序列不平稳，所以，要对三个变量进行二阶差分处理。从二阶差分后的数据可知，河北省制造业高质量发展水平的 P 值小于 0. 05，且 ADF 统计值小于 1%、5% 和 10% 的显著水平，序列平稳；河北省"两业"融合度的 P 值小于 0. 05，且 ADF 统计值小于 1%、5% 和 10% 的显著水平，序列平稳；劳动力素质的 P 值小于 0. 05，且 ADF 统计值小于 1%、5% 和 10% 的显著水平，序列平稳。综上所述，河北省制造业高质量发展、两业融合度与劳动力素质三组时间序列数据在二阶差分上没有单位根，各变量是序列平稳的。

## 二、Johansen 协整检验

前文的单位根检验显示河北省制造业高质量发展水平、两业融合度与劳动力素质这三个变量均是二阶单整序列，则可以进行协整检验。由于本小节包含三个变量，所以选择 Johansen 协整检验，协整检验结果见表 7 - 5 和表 7 - 6。

表 7 - 5　　　　　　　特征根迹检验（trace 检验）结果

| 假设 | 迹检验 | 5% 的临界值 | P 值 |
| --- | --- | --- | --- |
| None | 34.67367 | 29.79707 | 0.0127 |
| At most 1 | 3.211184 | 15.49471 | 0.9565 |
| At most 2 | 0.196799 | 3.841466 | 0.6573 |

资料来源：EViews10.0 统计输出。

表 7 - 6　　　　　　　最大特征值的检验结果

| 假设 | 最大特征值 | 5% 的临界值 | P 值 |
| --- | --- | --- | --- |
| None | 31.46248 | 21.13162 | 0.0013 |
| At most 1 | 3.014386 | 14.26460 | 0.9458 |
| At most 2 | 0.196799 | 3.841466 | 0.6573 |

资料来源：EViews10.0 统计输出。

由特征根检验和最大特征值检验的结果可知，原假设为三个变量之间是否均不存在协整向量，即协整系数为"None"时，迹统计量为 34.67367，大于 5% 的临界值 29.79707，拒绝原假设，由此可知，河北省制造业高质量发展水平、"两业"融合度与劳动力素质这三个变量之间存在长期的协整关系；原假设为三个变量之间是否最多存在一个协整向量，即协整系数为"At most 1"时，迹统计量为 3.211184，小于 5% 的临界值 15.49471，最大特征值（3.014386）检验也小于 5% 的临界值 14.26460，因此无法拒绝原假设，可知三个变量之间最多存在一个协整向量；原假设为三个变量之间是否最多存在两个协整向量，即协整系数为"At most 2"时，迹统计量为 0.196799，小于 5% 的临界值 3.841466，最大特征值（0.196799）检验也小于 5% 的临界值 3.841466，无法拒绝原假设。通过以上分析可知，在 5% 的置信水平上，河北省制造业高质量发展水平、"两业"融合度与劳动力素质这三个变量之间存在协整关系，且存在一个协整向量。

## 三、确定滞后阶数并建立 VAR（2）模型

如表 7 - 7 所示，根据 AIC 准则，向量自回归模型的滞后阶数为 2，建立 VAR（2）模型，模型的方程如下：

$$
\begin{bmatrix} Level \\ Convergence \\ Lnwage \end{bmatrix} = \begin{bmatrix} 0.169073 & 0.280101 & 0.323773 \\ 0.940458 & -1.243671 & -2.448469 \\ -0.266775 & 0.055252 & 1.215322 \end{bmatrix} \begin{bmatrix} Level_{t-1} \\ Convergence_{t-1} \\ Lnwage_{t-1} \end{bmatrix} +
$$

$$
\begin{bmatrix} 0.062206 & 0.305360 & 0.048246 \\ 0.720555 & -1.166860 & 1.492330 \\ 0.099008 & 0.466991 & -0.128789 \end{bmatrix} \begin{bmatrix} Level_{t-2} \\ Convergence_{t-2} \\ Lnwage_{t-2} \end{bmatrix} + \begin{bmatrix} -4.051658 \\ 12.154099 \\ -1.150590 \end{bmatrix}
$$

表 7 - 7　　　　　　　　　VAR 模型在不同准则下的滞后阶数

| Lag | LogL | LR | FPE | AIC | SC | HQ |
|---|---|---|---|---|---|---|
| 0 | 35.12236 | NA | 3.26e - 07 | - 6.424472 | - 6.333697 | - 6.524053 |
| 1 | 67.76005 | 39.16523 * | 3.32e - 09 | - 11.15201 | - 10.78891 | - 11.55033 |
| 2 | 81.53370 | 8.264189 | 3.02e - 09 * | - 12.10674 * | - 11.47131 * | - 12.80380 * |

注：* 表示根据不同准则选择的滞后阶数。
资料来源：EViews10.0 统计输出。

对向量自回归模型作 AR 特征多项式逆根图（见图 7 - 1），所有的单位根均落在单位根圆内，表明向量自回归模型是稳定的。

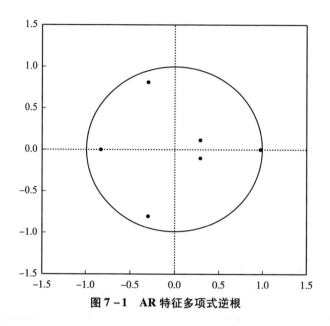

图 7 - 1　AR 特征多项式逆根

## 四、脉冲响应分析

下面使用脉冲响应分析法（Impulse Response Function，IRF）来分析 VAR 模型中一个内生变量（冲击变量）的冲击对另一个内生变量（受冲击变量）所产生的动态影响，结果见图 7 - 2。图中横轴代表冲击作用的滞后期间数，单位是年，纵轴表示受冲击变量的响应，实线表示脉冲响应函数，代表了受冲击变量受到冲击的反应，虚线表示正负两倍标准偏离带。

Response of LEVEL to CONVERGENCE 表示河北省两业融合度的冲击对河北省制造业高质量发展水平的影响，由图 7 - 2 可知，当在本期给河北省"两业"融合度一个正向冲击后，河北省制造业高质量发展水平呈现轻微上下波动的态势，在第一期至第三期形成正的响应，在第四期和第五期出现负的响应，第六期再次出现正的响应，第七期与第八期形成负的响应，第九期之后响应逐渐趋向平稳。这表明，河北省"两业"融合度受到外部条件的冲击后，传递给河北省制造业高质量发展水平，对河北省制造业高质量发展水平产生带动作用，这种影响在第一年的影响最大，且持续时间较长。

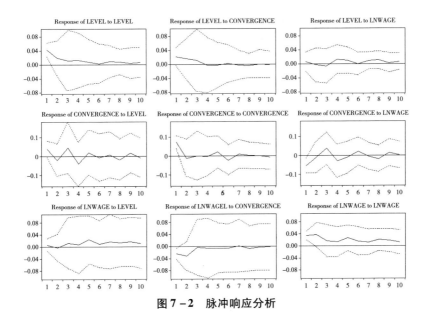

图 7 - 2 脉冲响应分析

Response of LEVEL to LNWAGE 表示河北省劳动力素质的冲击对河北省制造业高质量发展水平的影响,由图 7 - 2 可知,当本期给河北省劳动力素质一个正向冲击之后,河北省制造业高质量发展水平出现一个较大的波动。在第二期和第三期形成负的响应,其余年份均是正向响应,在第四年达到最大的正向响应,且在第十期之后正向响应仍未消减。这表明,河北省劳动力素质的提高会促进河北省制造业高质量发展水平,并且这种促进作用的持续时间较长。

## 五、方差分解

前文脉冲响应分析了 VAR 模型中一个变量的冲击对其他变量产生的影响,本小节通过方差分解(Variance Decomposition),用方差来衡量每一次冲击对受冲击变量的影响程度,进一步评价不同冲击的重要性。因此,本小节运用方差分解来进一步分析河北省"两业"融合度(convergence)、制造业高质量发展水平(level)与河北省劳动力素质(lnwage)三个变量之间的相互作用关系,并明确三者之间的相互影响程度。

表 7 - 8 是变量河北省制造业高质量发展水平的方差分解结果,从表

中可知，河北省制造业高质量发展水平在第一年只受自身波动的影响，河北省"两业"融合度与劳动力素质对制造业高质量发展水平的影响在第二年才开始呈现，冲击强度分别为2.32%和0.39%。此后，河北省劳动力素质的冲击影响一直很小，在第九期达到最大值2.42%，且冲击影响在第八期之后就趋于稳定。而河北省"两业"融合度的冲击强度在第十期上升到最大值14.81%，且冲击影响仍未呈现消减趋势。由上述可知，长期来看，提高河北省"两业"融合水平对河北省制造业高质量发展水平的提升发挥积极作用，但这个作用相比河北省制造业高质量发展水平自身的积极作用较小，同时，河北省劳动力素质的提高对促进河北省制造业高质量发展的贡献很小。

表7-8　河北省制造业高质量发展水平（Level）的方差分解结果

| 时期 | 预测标准误差 | Level（%） | Convergence（%） | LnWage（%） |
|---|---|---|---|---|
| 1 | 0.042842 | 100.00000 | 0.000000 | 0.000000 |
| 2 | 0.047892 | 97.29178 | 2.321879 | 0.386342 |
| 3 | 0.049815 | 95.13543 | 4.385361 | 0.479210 |
| 4 | 0.052773 | 90.85287 | 8.614580 | 0.532547 |
| 5 | 0.054342 | 87.93596 | 10.43442 | 1.629620 |
| 6 | 0.054453 | 87.90976 | 10.40374 | 1.686502 |
| 7 | 0.055779 | 86.29762 | 12.02415 | 1.678235 |
| 8 | 0.057282 | 83.49517 | 14.29100 | 2.213834 |
| 9 | 0.057548 | 83.29777 | 14.28722 | 2.415003 |
| 10 | 0.058146 | 82.77326 | 14.81329 | 2.413454 |

资料来源：EViews10.0统计输出。

表7-9是变量河北省"两业"融合度（Convergence）的方差分解结果，从表中可知，河北省"两业"融合度在第一期除了受到自身波动的影响，预测方差分解值为72.06%，还受到河北省制造业高质量发展水平的影响，方差分解值为27.94%，而河北省劳动力素质的贡献值为零。河北省两业融合度对自身的贡献度在第一期达到最大值，之后一直呈现下降趋势，且在第九期开始趋于稳定。河北省制造业高质量发展水平的贡献度从

第一期开始逐渐上升，在第五期达到最大值49.05%，之后贡献度开始减弱，在第六期至第九期趋于稳定，第十期有所增加，贡献度为48.29%。河北省劳动力素质的贡献度在第三期达到最大值8.39%，随后一直呈现下降趋势，第七期开始趋于稳定。此外，河北省制造业高质量发展水平的贡献度在第四期就超过了河北省"两业"融合度自身的贡献度，可见从第四年开始，河北省制造业高质量发展水平的提高对河北省"两业"融合水平的提升产生的积极影响随着时间增加越来越大。综上所述，提高河北省制造业高质量发展水平与劳动力素质的增长对河北省"两业"融合水平提升具有促进作用，且河北省制造业高质量发展水平的促进作用更加显著。

表 7-9 河北省两业融合度（*Convergence*）的方差分解结果

| 时期 | 预测标准误差 | *Level*（%） | *Convergence*（%） | Ln*Wage*（%） |
|---|---|---|---|---|
| 1 | 0.074202 | 27.93800 | 72.06200 | 0.000000 |
| 2 | 0.080371 | 30.73105 | 61.42383 | 7.845125 |
| 3 | 0.097743 | 42.08963 | 49.52443 | 8.385943 |
| 4 | 0.107805 | 48.18637 | 44.82921 | 6.984419 |
| 5 | 0.110395 | 49.05380 | 43.99974 | 6.946458 |
| 6 | 0.113000 | 47.18222 | 46.18789 | 6.629896 |
| 7 | 0.113802 | 47.01307 | 45.94655 | 7.040371 |
| 8 | 0.116353 | 47.33273 | 45.32121 | 7.346065 |
| 9 | 0.118161 | 47.97191 | 44.88347 | 7.144622 |
| 10 | 0.118629 | 48.28658 | 44.57598 | 7.137438 |

资料来源：EViews10.0统计输出。

表 7-10 是变量河北省劳动力素质（Lnwage）的方差分解结果，从表中可知，河北省劳动力素质在第一期受自身波动的影响仅为7.47%，主要受到河北省"两业"融合水平的影响，预测方差分解值为90.18%，受到河北省制造业高质量发展水平的影响更微弱，仅为2.36%。河北省劳动力素质对自身的贡献度在第三期达到了最大值10.95%，随后出现下降，在第七期开始趋于稳定。河北省"两业"融合水平的贡献度在第二期达到最大值，预测方差分解值为90.26%，虽然之后一直在下降但贡献度仍然维

持在高水平。河北省制造业高质量发展水平的贡献度一直呈现快速增加的态势，最大值在第十期出现，预测方差分解值为26.56%，且其积极影响仍未开始减弱。此外，河北省制造业高质量发展水平的贡献度在第五期就已经超过了河北省劳动力素质自身的贡献度。由上述分析可知，河北省"两业"融合水平的提升对提高河北省劳动力素质产生的积极影响很大，且前期河北省劳动力素质自身产生的积极影响较大，后期河北省制造业高质量发展水平对河北省劳动力素质提高的带动作用更大。

表7-10　　河北省劳动力素质（Ln*wage*）的方差分解结果

| 时期 | 预测标准误差 | *Level*（%） | *Convergence*（%） | Ln*Wage*（%） |
|------|------------|------------|-------------------|--------------|
| 1 | 0.033649 | 2.358144 | 90.17640 | 7.465456 |
| 2 | 0.050159 | 1.414534 | 90.26321 | 8.322251 |
| 3 | 0.053777 | 6.038626 | 83.01149 | 10.94989 |
| 4 | 0.055532 | 6.939101 | 82.61430 | 10.44660 |
| 5 | 0.064192 | 17.62717 | 72.71027 | 9.662566 |
| 6 | 0.066250 | 18.13012 | 71.65637 | 10.21351 |
| 7 | 0.068844 | 22.11300 | 67.91653 | 9.970464 |
| 8 | 0.072379 | 23.45323 | 67.00262 | 9.544145 |
| 9 | 0.075783 | 25.81590 | 64.38019 | 9.803913 |
| 10 | 0.077093 | 26.56365 | 63.61438 | 9.821968 |

资料来源：EViews10.0统计输出。

## 六、最小二乘估计

本小节使用最小二乘法估计模型中的未知参数，使用 Eviews10.0 对 *Level*、*Convergence*、Ln*Wage* 做最小二乘回归，得到回归模型如下：

$$Level = -3.926745 + 0.028794Convergence + 0.402397LnWage$$
$$t = (-8.574485) \quad (0.150211) \quad (11.06450)$$
$$R^2 = 0.924449 \quad F = 68.29853 \quad DW = 1.304993$$

回归结果显示，模型调整后的拟合优度为0.9244，拟合效果较好。河北省两业融合水平增加1%，会引起河北省制造业高质量发展水平提升

0.0288%；河北省劳动力素质每提高1%，会引起河北省制造业高质量发展水平提高0.4024%。

## 七、格兰杰因果检验

通过前文的Johansen协整检验可知，河北省制造业高质量发展水平、河北省两业融合度、河北省劳动力素质三个变量之间存在协整关系。因此，本小节使用格兰杰因果检验的方法对三者进行因果关系检验，检验结果见表7-11。

表7-11 格兰杰因果检验结果

| 原假设 | Obs | F 统计量 | P 值 | 结论 |
| --- | --- | --- | --- | --- |
| *Convergence* 不是 *Level* 的格兰杰原因 | 10 | 0.50439 | 0.6316 | 拒绝原假设 |
| *Level* 不是 *Convergence* 的格兰杰原因 | 10 | 1.05197 | 0.4156 | 拒绝原假设 |
| *Lnwage* 不是 *Level* 的格兰杰原因 | 10 | 1.05272 | 0.4154 | 拒绝原假设 |
| *Level* 不是 *Lnwage* 的格兰杰原因 | 10 | 0.02597 | 0.9745 | 拒绝原假设 |
| *Lnwage* 不是 *Convergence* 的格兰杰原因 | 10 | 1.63614 | 0.2840 | 拒绝原假设 |
| *Convergence* 不是 *Lnwage* 的格兰杰原因 | 10 | 2.53293 | 0.1739 | 拒绝原假设 |

资料来源：EViews10.0统计输出。

当P值=0.6316时，大于5%的显著水平，拒绝原假设，即河北省"两业"融合度是河北省制造业高质量发展水平的格兰杰原因；当P值=0.4156时，大于5%的显著水平，拒绝原假设，即河北省制造业高质量发展水平是河北省"两业"融合度的格兰杰原因。

当P值=0.4154时，大于5%的显著水平，拒绝原假设，即河北省劳动力素质是河北省制造业高质量发展水平的格兰杰原因；当P值=0.9745时，大于5%的显著水平，拒绝原假设，即河北省制造业高质量发展水平是河北省劳动力素质的格兰杰原因。

当P值=0.2840时，大于5%的显著水平，拒绝原假设，即河北省劳动力素质水平是河北省"两业"融合水平的格兰杰原因；当P值=0.1739时，大于5%的显著水平，拒绝原假设，即河北省"两业"融合水平是河北省劳动力素质的格兰杰原因。

## 八、小结

通过单位根检验的结果表明，虽然河北省“两业”融合度是平稳时间序列，但是河北省制造业高质量发展水平与河北省劳动力素质是不平稳的时间序列，三组数据在二阶差分后是序列平稳的。Johansen 协整检验结果表明，河北省制造业高质量发展水平、河北省“两业”融合度、河北省劳动力素质三个变量之间存在协整关系且存在一个协整向量。

通过河北省制造业高质量发展水平对各变量的脉冲响应分析，结果表明，河北省两业融合度受到外部正向冲击后，会对河北省制造业高质量发展产生带动作用，且冲击影响的时间较长；河北省劳动力素质的提高也会对河北省制造业高质量发展产生积极影响，且影响时间较长。

通过使用方差分解来分析河北省制造业高质量发展水平、河北省“两业”融合度和河北省劳动力素质三个变量的直接相互作用关系。分析结果表明，从长期来看，提高河北省“两业”融合水平对河北省制造业高质量发展水平的提升发挥积极作用，但并不能超过河北省制造业高质量发展水平自身的积极作用，同时也看到河北省劳动力素质的贡献很小；提高河北省制造业高质量发展水平与劳动力素质对河北省“两业”融合水平提升均具有促进作用；河北省“两业”融合水平的提升对提高河北省劳动力素质产生的积极影响极大。

通过最小二乘估计可知，河北省“两业”融合水平每增加 1%，会引起河北省制造业高质量发展水平提升 0.0288%；河北省劳动力素质每提高 1%，会引起河北省制造业高质量发展水平提高 0.4024%。可以看出，河北省“两业”融合水平的提升对河北省制造业高质量发展产生促进作用，但产生的影响程度较低。

通过格兰杰因果检验可知，河北省制造业高质量发展水平、河北省“两业”融合度、河北省劳动力素质三个变量之间互为格兰杰原因。

# 第八章 典型国家和地区"两业"融合推动制造业高质量发展的实践与经验

经过 70 多年的发展历程，中国已成为世界制造业第一大国。据《2023 中国制造强国发展指数报告》显示，中国制造业综合实力位列全球第四，虽在结构优化、质量效益、可持续发展、创新发展、规模发展这五个方面增长势头良好，但在结构优化、质量效益等方面的综合水平仍远远落后于排名前三的美国、日本和德国，其位次主要由规模指标拉动。

为强化本国经济根基，2008 年金融危机以后，世界主要国家纷纷调整经济发展战略，越发重视本国制造业的发展，推动制造业回流。为推动我国制造业向价值链高端攀升，在政策导向方面，2019 年 11 月，国家发改委等 15 个部门联合发布了《关于推动先进制造业和现代服务业融合发展的实施意见》，提出要推进包括智能工厂、工业互联网、柔性化定制、共享生产平台、全生命周期管理、供应链管理、服务衍生制造以及工业文化旅游等在内的 10 种"两业"融合的具体路径和典型模式。2021 年 3 月，《中华人民共和国国民经济和社会发展第十四个五年规划和 2035 年远景目标纲要》提出"推动生产性服务业向专业化和价值链高端延伸，推动现代服务业同先进制造业深度融合，加快推进服务业数字化"。在具体实践方面，2020 年开始，国家发改委先后在全国范围内遴选出 40 个区域和 80 个企业，组织开展国家级"两业"融合试点。由此可见，"两业"融合发展是我国制造业转型升级的重要抓手，对于推动产业绿色化、高端化、智能化转型，提升我国制造业在全球价值链中的位置，实现高质量发展具有重要意义（宋林，2023）。

在此背景下，对典型国家和地区"两业"融合的成功案例进行学习和推广有助于我国各级政府和相关企业制定科学的"两业"融合政策和目标，更好地推动制造业高质量发展。本章将"两业"融合发展的主体分为国外典型国家、国内典型省份以及微观典型企业这三个层次，逐一展开分析，归纳总结出可供借鉴的成功经验，进而结合河北省"两业"融合现状与问题，提出相应的启示。

## 第一节　典型国家推动"两业"融合发展的政策实践

先进制造和现代服务业融合发展已成为世界各国推进制造业深化发展、培育制造新优势的政策共识。作为世界排名前三的制造业强国，美国、德国、日本基于其发达的现代科学技术的深厚基础，率先进行了"两业"融合发展的尝试，为促进制造业与服务业融合发展，在不同的时期提出了推动制造业升级的针对性政策措施，为其制造业高质量发展提供了重要支撑。美国、德国、日本这三个国家的经验与教训可为我国推进"两业"融合发展提供重要借鉴。

### 一、美国推动"两业"融合发展的政策实践

19世纪末，美国抓住"第二次工业革命"的浪潮，超越英国成为世界第一大制造强国。二战后，美国通过采取军用技术民用化、加大科技投入等一系列举措，成为世界制造业霸主，制造业规模和制造业技术优势均领先世界。1945年，美国制造业在到达顶峰后开始下降。受20世纪70年代的滞胀和两次石油危机的冲击，美国加速将资本密集型制造业转移至新兴经济体，加大创新投入力度，在第二产业比重不断下降的同时，第三产业比重不断上升。自此，衰落与外迁成为美国制造业的基调，而与之相伴的是美国金融、房地产、信息科技行业的崛起，"服务化"成为美国新时期产业发展的主攻方向。经历了长达40年的"衰败"和"产业空心化"后，2008年金融危机以来，美国再次开启了再工业化和制造业复兴的道路，但收效甚微。尽管美国制造业经历了长期的"衰落"，但值得注意的是，今天的美国仍然是名副其实的制造业强国，这得益于美国"服务

经济"的发展。事实上，2021 年，在占到经济总量 81% 的美国服务业中，有 60% 以上都是生产性服务业。尽管如此，但美国从未放弃过制造业，美国制造业与服务业的深度融合使其从专注货物生产的传统领域，跃升到了集研发、物流、营销、售后服务等为一体的广泛领域，这也是美国制造业依然矗立于世界领先地位的主要原因之一。本节对美国"制造业服务化"的历史经验进行梳理，主要归结为三个方面。

（一）顶层设计的指引

美国政府抓住关键变革时期，出台合理的产业政策规划与引导是其制造业走向强大的关键。美国早在 20 世纪 90 年代就提出"现代制造"理念，奠定了产业融合的基调。美国政府于 1990 年、1993 年和 1997 年分别实施了"先进技术计划""先进制造技术计划""下一代制造行动框架"，以推动美国制造业的进一步发展（郑江绥和董书礼，2006），明确提出要把生产性服务业与制造业互动融合作为下一代制造的重点发展方向。2008 年金融危机以后，为推动工业复兴，美国政府于 2009 年推出了《重振美国制造业框架》、2011 年发布《先进制造伙伴计划》、2012 年公布《先进制造业国家战略计划》，以确保美国制造业在未来的变革中保持主动；2014 年美国又推出先进制造伙伴（AMP）2.0 计划，明确从创新、人才和商业环境三大方面着手提升制造业发展环境，要加速先进制造业创新与伙伴关系形成，而这种创新与伙伴关系的一个重要解决维度，就是生产性服务业与制造业日益模糊的产业边界。与此同时，制定了《美国清洁能源安全法案》《大数据研究和发展计划》等政策，将新能源、大数据、低碳环保、先进制造业等确定为未来的重点发展领域。可以看出，美国近年来多领域的政策规划，相互融合、相辅相成，精准贴合了第四次工业革命的发展契机。若这些政策规划能够顺利实现，其坚实的科技基础、绿色的发展模式、优化的商业环境将持续助力美国产业融合和制造业深化发展。

（二）创新生态系统的推动

科技创新是制造业源源不断向前发展的源泉与动力。据统计，美国的研发创新能力始终处于世界前列。美国制造业创新网络是美国在先进制造业领域立于不败地位的关键。美国于 2012 年提出制造业创新网络计划（NNMII），2016 年更名为"制造业美国"，它融通产学研，力图在制造业最前沿领域进行技术开发、应用与合作创新。截至 2023 年，美国已经形成了由 16 个创新研究所连接而成的创新网络，如宾夕法尼亚州匹兹堡市的机器人技术、加利福尼亚州洛杉矶市的智能制造技术、伊利诺伊州芝加哥市的数字化制造以及俄亥俄州扬斯顿市的 3D 打印技术等。各市州发挥地区工业优势，形成专业化、多样化且优势互补的创新网络，为美国先进制造业的发展注入澎湃的活力，为美国先进制造业和现代服务业的融合发展培育了良好的土壤。

（三）人力资本的支撑

除却美国丰裕的高等教育资源的吸引力，其长期形成的完备的人才管理、引进政策以及移民政策亦有力促进了人力资本的积累，为制造业服务化、专业化发展提供了充沛的人力储备。在人才培育方面，2014 年，美国发布《制造业人才库存紧缺》报告，指出制造业技术研发速度超过劳动力技能发展速度，制造业企业寻找人才和培训劳动力技能方面的惯用方法已经过时。为改变这一现象，美国推出大量人才培育新模式，包括建立国家技能认证系统、发挥社区大学对制造业技能人才的培育效能、推出先进制造业在线培训项目、推广基础教育教学视频等。例如，其 2020 年 3 月推出的"从零开始学科学"（STEM from the START）在全国范围内开设网络学习途径。在人才引进方面，1996 年美国颁布《高素质人才的引进、培育和发展方案》，同时制定了完善的移民政策，成为美国深化人力资本积累的支撑。在人才评估方面，近年来，美国在劳动力评估方面创新举措，如美国先进功能织物联盟同教育数据系统公司签订合同，开展全国需求评估，重点关注其技术运用所需的劳动力技能，以及雇主和制造商当前所需技能，以支持行业发展。其具有发展性、专业性和科学性的人才评价制度，能够有效识别人才，为产业融合发展提供切实有效的人才保障体系（朱玲玲，2022）。

通用电气公司 CEO 杰夫·伊梅尔特（Jeffrey Immelt）曾说，如果制造业不向服务化转型，不为客户提供解决方案，将无法生存下去。值得注意的是，美国企业强大的主观能动性也是美国产业融合发展推动制造业升级的重要力量。例如，工业互联网在美国并没有上升到国家战略的高度，是由美国的通用电气公司自主推出的，而这得益于美国政、企、学、研多方主体的深度联合，有政府背景的基金和科研机构的大力支持赋予了企业强大的自主能动性，这是值得我们学习和借鉴的。

## 二、德国推动"两业"融合发展的政策实践

19 世纪末 20 世纪初，德国通过第二次工业革命崭露头角，20 世纪中叶，德国将高新技术融入传统制造业，同时发展服务业，以推动制造业升级。通过不断的技术改造、规模扩张，德国超越英国等老牌资本主义国家，成为世界上制造业最具竞争力的国家之一，尤以装备制造业领先世界。进入 21 世纪后，德国顺应时代潮流，推动制造过程智能化发展。2013 年，德国在"工业 1.0（机械化）""工业 2.0（电气应用）""工业 3.0（自动化）"的基础上将"工业 4.0（智能化）计划"上升为国家战略，意在推动物联网及新型网络信息技术向制造业和服务业渗透，深化"两业"融合程度，推动本国制造业在新一轮科技变革中取得优势地位。

### （一）顶层设计的引导

2008 年，德国发布《中小企业核心创新计划》；2010 年，制定了《德国 2020 高技术战略》；2013 年，发布《保障德国制造业的未来：实施"工业 4.0"战略建议》；2014 年，推出《数字议程（2014—2017）》；2015 年，提出《智能服务世界 2025》；2018～2019 年，相继推出《高科技战略 2025》《国家工业战略 2030》；2020 年制定《6G 研发行业联盟新数字化战略》。这一系列的政策发布为德国产业发展提供了前瞻性的战略规划和方向指引，奠定了产业融合的基调。其对高技术产业的重视也为德国制造业、服务业的智能化发展及"两业"融合发展提供了强大的技术支撑。

### （二）数字化赋能

数字化赋能主要指通过大数据、云计算、人工智能及物联网等，提升企业的技术水平和业务能力。通过数字化技术的运用，不仅可以从技术上

为产业融合发展提供帮助，也能够从生态、市场、人才等多个方面助力产业发展（张倩，2024）。一方面，从德国的战略规划层面即可窥见其对数字化的重视；另一方面，信息物理系统（CPS）在德国工业企业的广泛应用，也帮助德国实现了智能工厂的建立，优化了研发创新流程，在提高生产效率和产品质量的同时也为消费者提供了个性化的定制产品。

（三）人才培育

一方面，德国的"双轨制教育"为培育专业人才提供了有力支撑。德国人才培养主要通过两条途径实现，一条是小学→文理中学→大学，这是一条直接升学的道路，主要培养从事科学和基础理论研究的研究人员；另一条途径是小学→普通中学或实验中学→职业学校，这是一条直接就业的道路。所谓"双轨制教育"，是指学生在职业学校接受职业教育的阶段，同时在企业接受技能培训。学生实时参与在企业运营的第一线，倒逼从事理论教学的老师也必须做到与时俱进，教授最前沿最符合当下需求的相关知识，从而确保了双轨制教学内容的实用性和有效性。德国的"双轨制教育"是一个由政府、学校及企业共同参与、相互作用的教育系统。由德国联邦及各州政府亲自操刀，确保各大政策落实；由位居市场第一线的各大企业把脉行情，确保培养与劳动市场需求相匹配的技术人才；由职业学校筛选师资，确保从事理论教学的老师也必须做到与时俱进，向学生提供最前沿最符合当下需求的相关知识，从而确保了双轨制教学内容的实用性和有效性。另一方面，为培育适应数字经济时代发展的复合型人才，2016年德国发布《面向数字化知识社会的教育行动》，旨在加强学生和相关企业员工的数字化教育，提高从业人员的数字化知识和实践能力。《数字战略2025》更是提出要将数字化学习融入教育的各个阶段，在中小学、职业技能学校、高校等增设算法、编程等数字化基础知识课程。德国着力加强从业人员的技能培训，为中小企业构建职业教育4.0、学徒招聘等提供了资金支持。此外，德国鼓励科研人才自由独立地从事科研活动，其在高校、科研单位和企业之间的自由流动为高效率的科技研发提供了优良的土壤，也有助于科研成果应用转化效率的提高。

### 三、日本推动"两业"融合发展的政策实践

日本是工业后起国家。第二次世界大战结束后,日本通过大量的技术引进、模仿与自主创新实现了工业化崛起,成为二战后快速崛起的制造业强国(刘兆国,2021)。20 世纪 80 年代,日本学习美国,对外实行大规模的产业转移,为国内服务业的发展留足了空间,形成了制造业与服务业协同发展的局面。20 世纪 90 年代,泡沫经济的破灭与亚洲经济危机给日本经济带来重创,其经济自此陷入低迷。21 世纪以来,日本政府将第四次工业革命视为日本振兴的绝佳时机,2016 年 6 月,推出《日本振兴战略 2016——为迎接第四次工业革命》,希望通过将信息技术应用于制造业、服务业等领域,推动强国建设。2020 年 4 月,日本政府推出相关政策加速制造业回流及制造业数字化转型。目前,日本在电脑电子、光学产品、电气设备、汽车等高技术制造业领域仍表现出较强的产业竞争力。由于中日两国在制造业领域紧密联系,对日本产业融合和制造业高质量发展经验进行梳理将能够为我国提供借鉴与方向指引。

(一)顶层设计规划

2000 年伊始,日本通过《推动形成高度信息化社会基本法草案》确立了 IT 立国战略;2005 年的《个人信息保护法》更是明确了信息服务业的重要地位;2012 年发布的《日本复兴战略》《2017 年未来投资战略》以及 2016 年提出的"社会 5.0"均强调数字信息技术对日本制造业和经济发展的重要性。此外,2016 年 3 月,日本综合科技创新会议计划通过设立信息物理系统(CSP)等措施应对"工业 4.0"。可以看出,日本政府以数字技术推动产业融合进而实现经济复兴的战略导向。

(二)创新引领

一是政产学研合作推动技术创新与应用。1998 年,日本出台《大学技术转让促进法》(TLO)为推进大学科研成果向企业转让作出了一系列部署。2016 年,日本率先提出了"社会 5.0"的发展战略,强调创新、可持续性、超越行业界限的协作以及生命周期思维,并制订了一系列的科技

发展计划与政策，其中，《科技创新白皮书2023》指出了利用区域特色和大学优势进行科技创新的战略导向，规划设立一批产学共创项目和共创基地，并针对半导体等前沿科技研发建立大学与地区的合作机制。

二是加大资金投入支持力度，与美国政府成立各种基金会，多方联合发力。日本政府对具有战略性新型技术的创新项目给予直接的资金支持，根据日本《科技创新白皮书2021》，为促进人工智能、量子技术等基础研究，日本成立了10万亿日元规模的大学基金支持多样化研究。除此之外，日本大力投入机器人研发、人工智能和大数据分析等数字化科技项目并取得了丰硕的成果，依托其先进的机器人技术优势，日本积极推进相关技术在制造业领域的应用，有效提高了制造业企业的生产效率和产品质量。

（三）人才战略

日本的全球化人才培养战略由来已久，2007年，日本政府提出，将大学国际化政策定位从"国际贡献"向"国家战略"转变，将出国留学作为培养全球化人才的有效手段。2023年8月29日，日本文部科学省进一步提出了日本未来全球化人才培养的一揽子政策——"世界X学习计划"，从本国全球化人才的培育、人才交流、人才的引进与定居等多个方面发力，为日本产业发展积累高端人才。同时，企业与高校之间达成的经费支持与人才输送的双向联结亦推动了企业发展与教育进步的协同共进，两者的频繁互动促进了人才的有效供给，减少了人才的浪费与流失。此外，2015年1月，日本出台《机器人新战略》，提出软件、系统集成等专业人才的系统培育方案，并于2020年召开"机器人奥林匹克竞赛"，激发全社会对新兴技术的学习兴趣与热情。

通过梳理美国、德国、日本在制造业和服务业深度融合推动制造业发展过程中的政策与实践经验，可以看出，三国在顶层设计规划方面的科学性、前瞻性指引是产业发展的保障；对研发创新方面的重视是制造业高质量发展的引领；对数字化应用的重视，是产业升级的重要推动力；在人才培育与引进方面的巧思是促进数字化、智能化以及产业融合发展的不竭源泉。

## 第二节　国内典型地区推动"两业"融合
## 发展的特色实践与经验

### 一、北京市推动"两业"融合发展特色实践与经验

北京于 2022 年发布《北京市"十四五"时期现代服务业发展规划》，2023 年发布《关于北京市推动先进制造业和现代服务业深度融合发展的实施意见》（以下简称《实施意见》），这两项促进"两业"融合发展的重要顶层规划设计，充分体现了北京市政府在推动"两业"融合方面的巧思。以下通过文本梳理，将北京推动"两业"融合发展特色实践与经验归结为四点。

（一）注重北京品质和品牌建设，培育"两业"融合发展的特色优势

《实施意见》明确提出了要强化北京标准和质量认证、培育"北京智造""北京服务"品牌以及 2025 年形成一批北京特色的"两业融合"新机制、新模式、新业态的目标。实际上，提高北京"两业"融合质量与标准，能够在各企业通过融合发展提升产品差异化、培育产品优势的基础上，进一步提高企业发展质量，同时有助于相关企业在对外开放和"走出去"的过程中保持竞争优势，扩大市场份额。这与北京注重开放，依托"两区"建设构建融合开放新格局的政策规划相互呼应，凸显出了北京在推进产业融合发展中的国际视角与长远眼光。

（二）推动龙头企业与中小企业的协同发展，创建公共服务平台

北京市不仅重视龙头企业的培育，而且还注重提高龙头企业对中小企业的合作和带动作用，在"十园百企"的发展目标上，进一步提出支持中小企业与龙头企业之间通过资金入股、技术入股、协议共建等形式进行深度合作。同时，推进科技园区等产业集聚区域的公共型数字基础设施建设，做好数字化转型公共服务，以促进重点区域以及中小企业与龙头企业的合作共赢、协同发展。此外，北京围绕制造业共性需求，支持打造一批

综合性服务平台，为相关企业在战略咨询、管理优化、解决方案、数字能力建设等方面提供帮助，降低"两业"融合发展成本，提供"两业"融合发展保障。

（三）瞄准创新驱动，依托数字赋能

北京重视数字技术对产业融合的重要促进作用，提出了规模以上制造业企业数字化、智能化转型全覆盖的目标。同时，为推动制造业向高端化、智能化、绿色化转型，北京市"十四五"发展规划制定了到2025年高精尖产业占GDP比重30%以上的目标，并发布了详细的工程实施方案——"新智造100"助力项目落地实施。此外，数字公共服务平台的搭建也体现了北京对数字赋能和创新驱动的重视，目前北京已建成国家工业互联网大数据中心等一批国家平台，数字基础设施完善程度领先全国，全球数字经济标杆城市建设取得重大突破，以"数字"驱动为抓手，有效促进了制造业高质量发展。

（四）明确"两业"融合发展模式，提供明确的政策指引

《实施意见》明确了集中发力的8个重点领域和20项主要举措，其中，8个重点领域包括，新一代信息技术与制造业服务业、医药制造与健康服务业、智能网络汽车制造与服务全链条体系、集成电路制造与研发设计服务、高端装备制造与服务业、新能源和节能环保与相关产业、现代物流和制造业、消费领域服务与制造，这8个领域的有机、高效融合，为产业融合的具体实施路径指明了方向。

## 二、上海市推动"两业"融合发展特色实践与经验

作为国家经济发展的前沿城市，上海市信息化与工业化融合（简称两化融合）发展水平很高。2016年8月8日，工业和信息化部中国电子信息产业发展研究院发布的《2015年度中国两化融合发展水平评估报告》显示，上海市两化融合指数为95.54（河北省为74.12）。上海市两化融合发展为先进制造业和现代服务业深度融合打下了坚实的基础。为贯彻落实《关于推动先进制造业和现代服务业深度融合发展的实施意见》《关于加

快推动制造服务业高质量发展的意见》，上海市于 2021 年 9 月 29 日印发《上海市推动先进制造业和现代服务业深度融合发展的实施意见》；2023年 5 月 19 日印发《上海市推动制造业高质量发展三年行动计划（2023—2025 年)》，对上海"两业"融合发展作出了翔实的规划部署。

（一）打造世界级产业集群

2021 年，上海市发布《上海市先进制造业发展"十四五"规划》，提出以集成电路、生物医药、人工智能技术三大先导产业的研发攻关、创新平台、创新基地建设为重点，打造世界级产业集群。在空间上，联动长三角地区，划拨"一极""三带""五新城"以及特色产业园区、社区等，并详细制定了不同类别集群的具体发展目标，充分发挥区域优势、因地制宜，在最大程度上激发各地发展潜力；在战略上，聚焦经济密度、创新浓度、数字化转型以及品牌显示度这四个方面，助力制造业升级；在行业上，专注先导产业、高端产业和未来产业集群，加速推进制造业向服务业的延伸。这不仅有助于强化供应链、推动制造业升级，更为区域"两业"深度融合打下坚实的基础。

（二）人力资本的培育与引进

作为世界级大都会，中国大陆的经济、金融中心，上海的人才引进与培育政策经过了漫长的探索与演变，为适应发展需要，2014 年以来推出了一系列政策举措，全面助力人才集聚。在人才培育方面，注重校企合作，利用域内充沛的高校教育资源，强化人才的科研与实践技能；在人才引进方面，先后推出包括"浦江人才计划""万名海外留学人才集聚工程"等多项人才引进计划，充分利用项目化途径，吸引高层次人才聚集，同时，通过人才服务中心、高端人才服务平台的建立与数字化转型，持续从营造良好的营商环境和生活环境方面完善引进后续的配套措施；在人才评价方面，建立市场主导的人才集聚模式，同时，建立人才专家联盟，通过动态的、阶段性的、科学的人才评估为行业提供匹配度高的专业人才，提高了人才利用效率，优化了人才资源配置。此外，《上海市推动先进制造业和现代服务业深度融合发展的实施意见》明确提出加快构建面向"两业"融合发展的复合型"新工科"人才培养模式；推进创新型人才和交叉学科人才的培育；支持企业与培训机构合作的新型学徒制人才培养，并提供相应补贴。此外，还为"两业"融合企业专门颁布人才引进政策，充分体现了上海市对于人才储备的重视。

### （三）因地制宜的特色融合路径

一方面，依托上海进口博览、工业博览会等大型会展集聚的溢出效应，推动"两业"融合共进；另一方面，结合国际化和前沿科技优势，推动元宇宙应用、高效储能、智能穿戴、虚拟现实等高端前沿产业的布局。同时，上海还提出了产业融合的 8 大重点领域，其中，重点聚焦时尚消费品制造业和服务业的融合、低碳转型的绿色制造等布局充分体现了上海特色。

### （四）打造优良的营商环境

在资金支持方面，上海在提供财税扶持，鼓励创新和"两业"融合企业发展的同时也积极加大金融支持，发挥政策性融资担保基金、各类产业基金、创投基金的撬动作用，加大对"两业"融合企业的担保支持力度。在知识产权保护方面，加大对知识产权的保护力度，深化知识产权相关金融服务，助力企业权益的保护和营商环境的优化。

## 三、江苏省推动"两业"融合发展特色实践与经验

江苏省地处长江经济带的交汇点，发展活力强、开放程度高，制造业和服务业规模全国领先，拥有扎实的产业发展基础。作为全国较早启动"两业"融合试点工作的省份，江苏形成了特色鲜明的"两业"融合发展模式，即强大龙头骨干企业引领、发挥先进产业集群优势，依托优势辖区园区、搭建融合发展平台，同时辅以制度支持。根据国家发改委数据显示，2022 年，江苏地区生产总值达 12.92 万亿元，服务业增加值 6.2 万亿元，其中生产性服务业增加值占比 55.5%。此外，南京入选国家服务业开放综合试点，苏州入选首批国家级服务型制造示范城市，江苏省成为全国入选国家级服务型制造示范项目总数第一名；张家港市、常州天宁经济开发区等"两业"融合试点区域取得丰硕的发展成果；波司登羽绒服装有限

公司、南京科远智慧科技集团股份有限公司、江苏双良集团等域内企业也取得了显著的融合发展成效。

## （一）引领性的顶层设计规划

在顶层设计规划层面，江苏省先后出台的《江苏省先进制造业与现代服务业深度融合试点工作的通知》《加快推动制造服务业高质量发展的实施方案》《江苏省"十四五"现代服务业发展规划》《生产性服务业十年倍增计划实施方案》，明确了"两业"融合推动企业发展的大方向。同时，制订了全省"两业"深度融合试点方案，计划培育省级"两业"融合标杆企业100家，将247家企业、21个产业集群和43个集聚区域作为"两业"融合试点单位，明确了以龙头企业为引领，带动全省"两业"深度融合的发展模式。此外，创新性地提出了江苏特色"775"服务产业新体系和现代服务业"331"工程，集中力量培育现代服务业领军企业和"两业"融合标杆企业。

## （二）完善的配套支持政策

在具体实践层面，江苏省政府从多方面发力，助力"两业"融合发展。一是大力资金支持。在省级现代服务业专项资金下专门增设"两业"融合项目支持方向，安排扶持资金3.3亿元；同时将"两业"融合项目加入"苏服贷"——江苏省普惠金融补偿基金中，为"两业"融合项目提供信贷支持。二是在土地使用规划上，创新土地使用模式，以过渡期政策延长土地使用年限助力现代服务业新业态的发展。三是在落地实施上，为确保政策规划深入人心，提高企业"两业"融合发展意识，积极对各专项政策进行宣传，通过报刊媒体等，对"两业"融合的发展经验与典型案例进行普及，以确保政策落地。四是因地制宜，发挥各地优势。江苏省并没有对全省实施一套发展模式和评判标准，各地市充分发挥比较优势，形成了优势互补的产业集群。

## （三）以人民需求为导向

此外，江苏省在推动"两业"融合发展的过程中，注重科技发展，促进信息技术发展和创新公共服务平台建设，这为"两业"融合创造了良好的发展基础。同时，以满足人民生活需求、提升人民生活品质为导向，重视生活性服务业及文旅行业的发展，为"两业"深度融合拓展方向。

## 四、广州市推动"两业"融合发展特色实践与经验

2022年末，广州市获批开展服务业扩大开放综合试点，"两业"融合发展是本轮试点城市的重点任务。2023年1月11日，商务部印发《广州市服务业扩大开放综合试点总体方案》（以下简称《总体方案》），方案针对广州"两业"融合发展提出了17项试点任务。广州"两业"融合试点虽开始较晚，但短短一年的时间却取得了不菲的成就，对其典型的实践经验进行梳理，主要归结为四个方面。

### （一）加强土地、金融、人才等系列保障

广州加强"两业"融合的土地、金融、人才等系列保障。一方面，探索功能混合的产业用地模式，解决"两业"融合过程中园区用地的属性争议问题。另一方面，创新举措，为"两业"融合储备人才，一是增设工业互联网和智能制造专业技术职称，提高相关从业人员专业技术；二是推动广州市职业院校和培训机构与境外职业教育机构合作办学，引进境外职业技能培训和课程体系，推动职业教育改革，精准培育更多"两业"融合适配性高的专业人才；三是对文化旅游、规划、金融、建筑等领域推出境外人才便利职业的安排，为"两业"融合提供国际化人才支持；四是紧抓《广州南沙深化面向世界的粤港澳全面合作总体方案》发展机遇，积极对接粤港澳大湾区生产性服务业人才。探索金融产品创新助力"两业"融合企业的发展，支持相关企业通过债券融资、股权融资、项目融资、并购重组等多种形式获得资金支持，降低融资成本。

### （二）强化工业设计能力

工业设计是创新链的起点、价值链的源头，能够有效赋能制造业创新和数智化转型（黄舒旻等，2023）。广州依托其多年积累的工业设计优势，进一步狠抓工业设计，在广东省"省长杯"工业设计大赛中，包揽了实力最高、水平最高的3个奖项，获奖水平创历史新高，为制造业服务化转型

和制造业高质量发展提供了坚实的支撑力量。

（三）"四化"平台赋能

"四化"指数字化转型、网络化协同、智能化改造、绿色化提升。广州市提出要培育 50 个技术水平高、服务范围广的优质"四化"平台，为企业转型发展提供评估、规划等全流程的专业支持；同时，推进"融合"经验共享，以小带大，助力区域产业融合协同发展。

（四）"定制化"发展模式

广州素有"世界定制之都"的美誉，从汽车到家具、纺织、食品、珠宝、美妆，广州一批优势产业正乘着"两业"融合的东风，走向更高端的定制化转型之路，为客户提供更加完备、贴心、符合消费者喜好的多样化产品。例如，欧派 AI 工厂，通过 AI 汇集来自世界各地的订单后进行智能审图、排序并分配到其国内的五大生产基地，AI 赋能在提升了其定制化效率的同时，缩短了全流程运营时间，减少了消费者的等待期限。

从北京、上海、江苏省、广州的"两业"融合发展实践来看，它们均秉持国家关于"两业"融合的指导精神和发展规划，从国家发改委宣布的对全国范围内 40 个区域和 80 个企业组织开展国家级"两业融合"试点，到地方的"两业融合"示范园区，深刻体现了我国整体构思、上下贯通的改革发展效率。同时，各地方政府充分发挥地区优势，积极主动地探索"两业"融合新路径、新业态，多措并举助力区域产业融合发展，推动制造业提质强链。例如，北京的"企业深度合作"与"北京品质"、上海的"学徒制人才培养"和"世界级产业集群"、江苏的"775 体系"和"331 工程"、广州的工业设计与"四化平台"，均是值得全国借鉴与推广的"两业"融合典型经验与案例。

# 第三节 国内外典型企业"两业"融合发展实践

向服务化转型是当前制造业企业培育竞争优势的重要途径，但转型并不总能成功。詹妮弗·斯坦利和菲利普·沃伊奇克（Jennifer Stanley and

Philip Wojcik，2005）指出，只有半数企业实现了适度的盈利，25%的企业因增值服务和提供服务化产品而遭受亏损。A. 尼利（Neely A，2008）也得出了类似的结论，尽管服务化的制造企业比传统的制造企业享有更高的收入，但它们的利润可能更低。可见，制造业企业向以服务为中心的业务模式转变面临相当大的风险和挑战。在这种情况下，对服务化转型成功的制造企业案例进行分析与梳理，总结、学习和借鉴其成功经验将有效降低失败概率，为我国制造企业服务化提供方向指引。

## 一、国外企业"两业"融合发展典型案例分析

### （一）国际商用机器公司（IBM）从制造商向信息服务公司的转变[①]

IBM 总部位于美国纽约州阿蒙克，在全球拥有近 27 万名员工，在 14 个国家设有 33 个制造、硬件开发和研究基地。IBM（国际商业机器公司）开发和销售先进的信息处理产品，包括计算机、微电子技术、数据存储设备、软件、网络和相关服务。根据 IBM 公司 2022 年年报，2022 年该公司创造了 605 亿美元的收入和 93 亿美元的自由现金流，较上一年增长了12%，其中，超过 70% 的年收入来自软件和咨询业务。然而，当我们将目光转回到 20 世纪 70 年代，那时的 IBM 还仅仅是一间生产和销售计算机硬件、软件的科技公司。而这样的变化要追溯到 20 世纪 90 年代初的经营危机——一味推崇硬件设施，强调机器的重要性而忽略了客户业务问题的解决，导致大量客户流失。为改变企业境况，IBM 依托其可靠的大型服务器、巨大的存储能力和信息处理能力等传统优势，推行服务导向型战略，密切关注客户需求，提供集成解决方案，成为电子信息科技领域的一站式服务提供商，并持续不断地扩大服务范围，重新赢得了客户的青睐。短短20 年，IBM 实现了从 180 亿美元亏损到净盈利 60.9 亿美元的突破。[②] 那么IBM 究竟是如何做到的？笔者通过收集和梳理大量的信息，将其成功的经验归结为三点。

---

① IBM Annual Report 2022［R］. IBM 中国，https：//www.ibm.com.

② White A L，Feng L. Servicizing：The Quiet Transition to Extended Product Responsibility［J］. tellus institute，1999：79 – 82.

**1. 人力资本与社会责任**

在人力资本的积累方面，IBM 通过倡导多元性和包容性的文化实践，积极广泛地接纳来自世界各地、各种肤色的精英人士，为每个人创造公平的空间和机会。据统计，IBM 全球女性以及美国黑人和西班牙裔员工的代表性逐年增加。同时，与 20 多所历史上的黑人学院和大学合作，储备了大量的高素质复合型人才。此外，还通过 IBM SkillsBuild 计划继续不断提高员工职业技能，通过建设互联网平台加入了 170 个合作伙伴的网络，提出到 2030 年为全球 3000 万人提供接受教育和培训的机会的战略规划。在社会责任方面，IBM 优先考虑道德影响，重视环境效益，强调社会责任感。截至 2022 年，IBM 已经第四次被 Ethisphere 评选为全球最具商业道德的公司。一方面，IBM 在公司内部以及与客户的合作中均强调保护环境和道德准则，优先考虑道德、信任、透明度及社会责任，在约束自己的同时影响他人，形成了良好的行业效应与社会效应；另一方面，IBM 重视可持续发展，提出了 IBM Impact、IBM Sustainability 等可持续发展方案，制定了 2030 年实现温室气体零排放的环保目标，自觉担负社会责任，取得了客户的信任与认可，树立了良好的企业形象，扩大了品牌影响力。

**2. 数字技术与科技创新**

强大的科技硬实力是 IBM 公司得以成功的基础。在转型过程中，IBM 并没有放弃传统业务的精进，在原有技术实力的基础上不断引入自动化、数据、人工智能和安全软件等优化平台服务，强化数字基础设施建设。IBM consulting 现已成为 IBM 公司主要的收入来源之一，她们坚定地相信，混合云与人工智能的使用正在帮助 IBM 开创一个具有更高生产力、洞察力和决策能力的新时代，员工和客户的体验将在这个过程中被不断优化。例如，IBM Telum 处理器创新地加入了芯片上实时 AI 推理加速功能，将其应用于 IBM z16 的人工智能功能，能够帮助客户在几毫秒内大规模识别欺诈行为。

**3. 对外开放与合作共赢**

强调伙伴关系和开放式创新的理念是 IBM 的经营特色之一。例如，为合作伙伴提供与本公司员工相同的免费培训、新型技术的推广应用等都是 IBM 合作伙伴生态系统的生动体现。得益于此，一方面，IBM 与战略合作伙伴的业务持续增长，为 IBM 产品提供了稳定的需求来源；另一方面，伙伴企业的盈利也不断提升，形成了合作共赢的良好生态。显然，与客户、合作伙伴甚至竞争对手的开放合作能够加速价值的实现。

（二）陶氏化学（Dow Chemical）从化学产品制造商到化学服务企业①

服务外包能够将专业的服务业务外包出去，实现资源的优化配置，专业化生产优势产品，降低成本的同时实现服务转型，获得更大的竞争优势，因而外包和兼并收购是不少制造企业向服务化转型的途径。美国陶氏化学公司的服务化之路就是一个典型的例子。成立于1897年的陶氏化学公司是一家世界排名前列的国际化大型化学公司，提供多元化的跨国化学品、塑料和农产品，主营业务包括六大部门：高性能塑料、高性能化学品、碳氢化合物和能源以及多元化业务。而弧度国际有限责任公司（Radian International，LLC）是一家专注于环境科学和工程的服务型公司，主要提供包括工程、信息技术、法规遵从、环境健康与安全、补救建设、技术开发和应用、空气污染、补救、废水处理、危险废物、固体废物管理以及全面化学品管理等在内的服务和咨询工作。20世纪90年代中期，陶氏化学的管理层将服务业视为下一个商业浪潮，开始向服务提供商转变。但在转型初期，独立提供化学服务的陶氏面临着包括营销、整合难、成本高等的多重阻碍。为拓展公司的化学服务业务，陶氏化学公司于1997年对弧度国际有限责任公司进行股份收购，尽管由于双方实际业务并不如预期那样能够给彼此带来收益，使收购仅维持了几个月的时间后就转手卖给了戴姆斯和摩尔集团（Dames and Moore Group），但也证明了陶氏服务化转型战略的正确性。如今的陶氏公司不仅专注于化学产品的创新与研发，还致力于为客户提供的服务和可持续的解决方案，在提供高质量产品的基础上注重与客户协作，助力中国包装、护理、基础设施等行业的转型。例如，其PMS项目管理服务系统，能够帮助客户从审图到测试、割胶等全过程的质量管控。陶氏公司成功实现制造企业服务化的经验可以归结为三点。

**1. 兼并收购与外包**

20世纪90年代中期，当陶氏化学公司管理决策层敏锐地察觉到服务

① White A L，Feng L. Servicizing：The Quiet Transition to Extended Product Responsibility［J］. tellus institute，1999：79 – 82.

业为即将到来的商业浪潮时，就决定向服务提供商转变。其决策的正确性是成功收购弧度国际有限责任公司的前提。收购是服务化转型的重要渠道之一，在收购中做好调查，充分了解对方企业的盈利结构、经营模式与业务范围以大大降低失败的可能性。在"两业"融合的风口之下，切忌盲目进行兼并与收购，以使企业少走弯路，更快地实现服务化转型。

**2. 可持续发展战略**

可持续发展是陶氏研发创新的核心。陶氏化学坚定推进绿色环保与节能减排，自觉担负社会责任，有效提高了企业形象，赢得了客户以及当地政府的信任与支持。例如，制定"2025 可持续发展目标"，专注气候保护和安全材料的使用等。目前，陶氏在碳减排等绿色生产方面已经取得了一定的成效。陶氏连续被中国社工协会企业公民委员会评选为"中国优势企业公民"，连续获杰出雇主调研机构"中国杰出雇主"认证。[1]

**3. 品质品牌优势**

陶氏产品的价格经常高于其他公司的同类产品，但客户依然对它有较高的需求，这得益于企业品质品牌优势的建立。一方面，陶氏深耕技术，DOWSIL 灌封胶等产品克服了同类产品的弱点，兼顾了操作时间和硬度，领先于业内其他产品。如今，陶氏在全球拥有领先的市场份额，在全球已经完工的超高建筑里，有 70% 使用陶氏产品。另一方面，实行需求导向型战略，注重服务水平的提高，致力于客户体验感的升级。服务水平的提升使得陶氏能够提供差异化的产品，构建了属于自己的竞争优势，长期形成的品质品牌效应也帮助陶氏轻松地取得了客户的信任。

### （三）西门子（SIEMENS AG）从电子设备供应商到软件服务提供商[2]

德国西门子股份公司（SIEMENS AG）创立于 1847 年，是全球电子电气工程领域的领先企业，专注于工业、基础设施、交通和医疗领域的装备制造。立足于第四次工业革命，西门子准确把握时代机遇，在完成自动化之后开始着手生产的数字化转型。目前已经形成楼宇科技、驱动技术、能源运维、医疗器械、智能交通、金融服务、家用产品、专业服务等九大领域齐驱并进的综合服务提供商。2020 年 7 月 28 日，西门子名列福布斯

---

① 数据来源：https://corporate.dow.com.

② 西门子公司网站，https://www.siemens.com/.

2020 全球品牌价值 100 强第 53 位。2023 年 8 月，西门子以 778.598. 亿美元营收，入选 2023 年《财富》世界 500 强排行榜，排名第 162 位。自 1872 年进入中国以来，西门子以创新的技术、卓越的解决方案、出众的品质和不懈的创新追求，确立了在中国市场的领先地位。作为装备制造业领域的龙头企业，这离不开其融合发展战略。

**1. 数智技术研发**

创新是西门子业务成功的基石，研发是西门子发展战略的基本动力。在第四次工业革命初期，西门子抓住契机实施数字化转型。早在 2012 年，西门子就在成都开工建设了大型现代化数字工厂，在数字化、智能化发展领域抢占了发展先机。2022 年 6 月，西门子在上海设立智能基础设施数字化赋能中心，主要开展产品管理、业务拓展、软件研发与运维及软件和咨询的交付，将数字化赋能"两业"融合发展的理念落到实处。此外，如今，西门子"艾闻达"专注于提供包括企业架构与解决方案评估、应用行业分析、战略与数字化转型在内的咨询解决方案，运用其在制造业领域多年积累下来的专业知识和雄厚科技基础，满足每个客户在可持续发展和数字化过程中的独特需求，为客户提供定制化的产品服务。

**2. 专业化生产**

专业化几乎贯穿西门子的发展历程。2014 年，西门子为更好地抓住第四次工业革命的发展机遇，专注于电气化、自动化和数字化战略，果断退出家电行业，将西门子家用电器集团出售给博士集团，并于 2015 年完成交接。2022 年 6 月，西门子收购美国资产管理软件公司（Brightly Software）公司，助力其建筑和基础设施产业的数字化服务提供，助力服务的专业化发展。除此之外，西门子自创立以来还经历过无数次大型的裁员和改组，勇于改革、专注科技与核心业务是西门子得以成功的重要原因。

**3. 勇担社会责任**

西门子集团在中国致力于为广大中小企业提供数字化和可持续化发展方案，帮助其数字化战略的落地实施。可以说，西门子集团对社会责任的重视也造就了其在制造业服务化领域的卓越成就。多年以来，西门子一直将"勇担责任"方面的原则作为其业务决策的指南针。不仅如此，西门子还积极鼓励其商业伙伴、供应商及其他利益相关者遵循同样的高道德标准，因而树立了优良的品牌形象。

（四）富士胶片公司（富士フィルム株式会社）从胶卷生产商到多元化服务提供商[①]

富士胶片株式会社创建于 1934 年，总部位于日本东京，主要从事胶卷生产业务。在日本"消失的三十年"的经济大萧条背景下，富士胶片公司不仅成功存活，而且呈现不断向好的发展态势，成功追赶并打败柯达成为全球胶卷生产龙头企业。目前，富士胶片公司已成为以"技术"闻名的综合影像、信息、文件处理类产品及服务的制造和供应商，主要从事传统和数码两大产品群（胶片、照相机、相纸、化学药品、冲扩设备等）的生产、印刷系统、医疗系统、液晶材料、记录媒体等系列信息产品的提供以及文件处理设备（复印机、打印机、多功能数码文印中心、耗材等）的供应。

**1. 融通合作与业务拓展**

富士胶片公司很早就开始了企业多元化发展和服务转型，例如，与美国施乐公司（Zerox）合资成立富士施乐公司，以专门从事打印机和后续相关服务提供。与常见的兼并、收购与服务外包不同，合资公司的优势在于能够集合两家公司的技术优势与特色，合力进行科技研发与产品创新，因而具备更大的活力与潜力。除此之外，富士公司还积极探索其他相关业务领域，依托其在照片、胶片领域积累的化学和加工技术，富士公司目前还涉足电子化工材料、化妆品以及光刻胶等半导体生产用材料，准确把握了时代需求热点。

**2. 先进独特的技术支撑**

"运用先进、独特的技术，通过提供最高品质的商品和服务，为社会的文化、科学、技术、产业的发展及人们生活质量的提高而努力"是富士胶片的企业理念，在该理念的指引下，富士胶片致力于运用尖端技术，提供更加精细、完美的产品与综合解决方案，这也体现了其产业融合发展、技术创新驱动和品质品牌建设的发展规划。据相关数据统计，富士胶卷每年的 R&D 费用占销售额的 5% ~ 6%，R&D 人员占到全体员工的 25%，[②]为富士打下了坚实的技术基础。除此之外，富士还重视收集技术研发情

---

[①] 富士胶片（中国）投资有限公司网站，https：//www.fujifilm.com.cn/cn/zh-hans.

[②] 数据来源：https：//www.fujifilm.com.cn.

报，与龙头企业合作形成情报网，奠定了其在尖端科技领域的领军地位。

## 二、国内企业"两业"融合发展典型案例分析

### （一）三一重工从设备制造商到工程建设全套方案服务商[①]

三一重工成立于 1993 年，主要生产混凝土机械、挖掘机械、起重机械、筑路机械、桩工机械等全系列产品。经过 20 年发展，现已成为全球装备制造业领先企业，在全球拥有近 200 家销售分公司、2000 多个服务中心和近万名技术服务工程师，业务范围也扩展到了融资债券、调剂租赁等服务领域。据三一重工官方数据统计，2021 年，该公司营业总收入 1068.73 亿元，净利润达 120.33 亿元。[②] 2015 年，"三一重工"入选国家"两业"融合首批试点企业，开启了服务化转型。目前，已实现"智能工厂""全生命周期管理""共享平台""工业互联网平台"等数智技术深度融合的制造模式，大幅提高了生产效率。同时，"服务＋"转型也全面提升了客户洞察、营销互动、设计改进和配件服务，大大提高了客户体验感和产品竞争优势。2017 年，三一重工荣获"两业融合管理体系示范企业称号"，打造了机械工程行业"两业"深度融合范本，加速了三一重工从设备制造商向工程建设全套方案服务商的转变。

#### 1. 数字技术融合

"灯塔工厂"即智能工厂，三一重工通过引进 AI、5G、大数据、云计算等技术实现了制造工厂的数字化管控、自动化生产和柔性化定制，大幅缩减了人力投入，提升了生产效率，同时，数字化的实时监测进一步提高了生产的精确性与安全性。目前"灯塔工厂"已开始向国外推广，成为三一重工的特色生产管理模式。"全生命周期管理"指对产品从研发到售后的全生命周期进行监管，定期为产品状态、健康水平进行评估，并对出现故障的产品提供运维服务，能够大幅提升企业服务水平和客户体验感。三一重工目前建成了从制造、交付、维修、再制造、报废的全生命周期管理模式，引领着我国装备制造业由生产型向服务型转变。"挖掘机指数"由

---

① 国家发展改革委网站，https：//www.ndrc.gov.cn/xwdt/ztzl/rhsdjyzf.
② 数据来源：三一集团网站，https：//www.sanygroup.com.

三一重工打造，现已成为国务院把脉中国宏观经济的重要参考。该指数借助大数据和物联网技术，汇集了全球设备的实时开工数据，能够反映全球在线设备数量等一系列指标，是三一重工将数字技术融入生产和服务的新突破。

**2. 创新引领**

三一重工秉承创新引领、"品质改变世界"的发展理念，注重创新及研发项目的投入。据相关数据，三一重工每年将5%左右的销售收入用于研发，截至2021年，公司累积申请专利13140项，授权专利9124项，[①]数量均居国内行业第一，在努力提高三一产品品质的同时，打响了三一品牌声誉。同时，三一重工响应国家"万众创新"的号召，建立国家级"双创"平台和具有全球影响力的创新创业基地"三一众创"，孵化了大批科创型中小企业，促进了大中小企业的融通发展，为中国制造业高质量发展贡献了自己的力量。

"工业互联网"注重生产运营环节的网络协同与互联互通，通过对人、机、物、系统等的全面链接，构建起覆盖全产业链的新型制造和服务体系，能够有力促进制造企业降本增效、提高产品品质和绿色安全发展水平。"三一根云"平台是三一重工在工业互联网平台建设方面的重要突破。该平台现已接入工业设备72万台，连接超5000亿元资产，能够为机器制造商、金融机构、业主、售后服务商、政府监管部门等各行业各种主体提供机器云管理、设备健康管理、产业链平台、工业AI、设备融资等应用服务，同时能够对接各行业企业，促进双方深度合作的展开。三一重工通过"工业互联网平台"实现开放共享，合作共赢，带动了一大批上下游企业完成数字化转型，促进了协同发展。除此之外，三一重工还积极拓展工业旅游业务，将企业文化、生产理念、科研创新成果与大众共享，实现盈利的同时扩大品牌影响力。

（二）网易严选从互联网平台服务提供商向原创生活产品制造商延伸[②]

网易严选是网易旗下原创的生活类自营电商零售品牌，创立于2016

---

① 数据来源：https：//www. sany. com. cn.

② 国家发改委网站，https：//www. ndrc. gov. cn/xwdt/ztzl/rhsdjyzf/sdqy/202105/t20210517_1279991. html.

年，仅仅两年，网易严选就已成功入驻了天猫、京东、网易考拉海购等大型电商平台。成立三年即于 2018 年度中国零售百强名单中位列第 37，2019 智慧零售潜力 Top100 中排名第 22，[①] 在天猫、京东等一系列大型电商品牌的激烈竞争中成功脱颖而出。通过打通制造商与消费者，联通上下游产业链，网易严选在提供高品质市场信息与销售服务的同时，通过降低溢价，提高了制造商产销效率，提升了消费者效益，其本身即具有"两业"融合发展的基因，并致力于通过服务衍生制造在融合发展之上继续走深走实，继续开创"两业"深度融合发展新业态、新模式。网易严选成功的融合发展主要得益于以下三点。

**1. 柔性化定制**

精准对接消费者需求是网易成功赢得用户青睐的关键因素。依托网易强大的技术支持，丰富的用户资源，网易严选为相关制造商提供销售预估系统，帮助制造商精益生产，提高效率、降低库存的同时，通过客户评价反馈分析系统对接下游消费者需求，联通上下游产业，帮助制造商精准化生产，扩大销量并提升客户满意度，形成双向促进的良性循环。

**2. 数字化赋能**

互联网是网易严选的根基。不仅依托其强大的平台大数据资源，网易严选还积极研发客户评价搜集与分析系统、销售预估系统等并将其运用于制造过程、与厂商共享，助力制造厂商数字化转型，以数字化赋能"两业"深度融合，推动制造业高质量发展。

**3. 优良的品质品牌**

"让美好生活触手可及""活出自己喜欢的样子"，以此作为经营初心和理念的网易严选，通过将品牌嵌入生活，将生活融入品牌的方式，在发展理念和产品设计上成为消费者喜欢的优良生活方式品牌，成为一批新中产消费者的忠实选择。同时，网易严选专注于产品品质，依托其丰富的制造厂商资源，精选优质产商并深入生产车间提高选品质量。此外，在提供优质服务的同时，网易严选积极拓展产业链，发展服务衍生制造，钻研原创设计并通过委托制造、品牌授权等方式，制造属于自己的原创产品，以"严选"优质品牌为背书，助力其原创设计实现最大化的品牌价值。

---

① 网易严选网站，https：//you.163.com.

### （三）先河环保从环境监测设备供应商到环保综合服务提供商①

河北先河环保科技股份有限公司成立于 1996 年，2010 年在创业板上市，是国内环境监测仪器仪表行业率先上市的企业，也是国家发改委发布的第二批国家"两业"融合发展试点中的两家河北省企业之一。截至2023 年，该公司资产达 24 亿元，拥有超 2000 名员工及 15 家国内外子公司以及 5 个研发中心。②依托"两业"融合重大发展契机，该企业已由环境监测仪器制造商成功转型为生态环境全产业链的综合服务提供商，其主要业务领域包括污水治理、社会化检测以及运维服务、环境大数据分析与决策支持、双碳全产业链服务等。该企业成为我国"两业"融合典型案例，也是河北省"两业"融合发展的先驱与模范。

**1. 数智化赋能**

先河环保目前已开发了基于物联网的水环境智慧管理子系统、生态环境网格化精准监控及决策支持系统生态大脑数字化平台、环保管家服务系统、生态环境大数据应用中心等数字技术平台，通过数字化、智能化转型，积极将数字技术运用于技术开拓，成功研发了一批高质量环境监测相关设备，同时辅助政府为国家绿色生产、低碳经济、智慧城市的建设提供了优质的解决方案，为推动环境、经济、社会的可持续发展作出了重要贡献。

**2. 完备的战略规划**

从国家政策到客户需求，先河环保的领导人依托丰富的行业经验，以需求为导向，以国家战略为指引，积极进行前瞻性的布局与规划。"环保管家"是先河环保为区域工业污染治理提供的优秀答卷，它通过对全市工业企业污染物及排放量的检测，结合企业区位与城区及敏感点的位置关系，分析得出重点管控企业，有针对性地解决了区域污染治理中存在的困难。为更加契合国家战略导向和市场需求，先河环保还分不同技术领域成立了多个研究团队，研判行业趋势与国家政策，挖掘现存的需求与发展堵点。除此之外，先河环保积极进行国际化布局，先后收购美国 CES 公司、

---

① 河北先河环保：定制环境监测治理的"智慧大脑"［DB/OL］.国家发展改革委网站，https://www.ndrc.gov.cn/xwdt/ztzl/rhsdjyzf/sdqy/202206/t20220602_1326801.html.

② 河北先河环保科技股份有限公司网站，https://www.sailhero.com.

美国 SUNSET 公司、广西先得环保科技有限公司、四川久环环境技术有限责任公司等，与联合国环境规划署展开合作，推动企业"走出去"，为环保事业贡献中国智慧。

**3. 技术研发与合作**

一方面，积极推进科技研发。自创立之初，先河环保便以技术立足，先后研发出 24 小时连续空气采样器系列产品、COD 在线检测仪、烟气连续自动在线监测系统等，2019 年成为河北省首批院士工作站建站单位并成功获批组建河北省先进环保产业创新中心，2020 年，成立"生态环境物联网与大数据应用技术国家地方联合工程研究中心"以及河北省先进环保产业创新中心北京科创中心。另一方面，积极推进与国内外高科技环保企业的项目合作。2008 年，与澳大利亚 ECOTECH 公司展开合作，引进国际先进的 EC 空气产品；2018 年，与中国科学院科研团队建立战略合作；2020 年，与马来西亚蓝水集团签署《生命之河项目合作协议》。以上种种足以看出先河环保在技术研发方面的重视与投入。

# 第四节 对河北省推动"两业"融合发展的启示

## 一、细化政策安排，强化顶层设计的指引效能

无论是美国、德国、日本三国还是国内其他典型地区"两业"融合发展的实践经验，都离不开政府前瞻性宏观政策的引导。河北省积极响应国家号召，结合河北省实际发展情况，于 2021 年和 2022 年先后发布《推动新一代信息技术与制造业深度融合加快工业互联网创新发展导向目录》《河北省制造业高质量发展"十四五"规划》。对比国内外其他地区的典型实践经验，河北省政府还应在顶层设计规划方面继续做好细化和完善工作，明确"两业"融合具体路径和发展方向，从战略高度上转变"一业独大"的发展理念，推动产业集聚，提供有针对性的信贷、土地等的政策支持，引导企业探索新业态和新模式，加快转型升级。

## 二、推动创新驱动与数字化赋能,构建创新生态环境

科技创新是产业融合发展的动力源泉。高新技术产业是河北省的短板,高校资源不足也削弱了河北省高新技术产业的发展潜力。河北省应充分利用优越的地理位置,抓住"京津冀"协同发展的契机,通过加强数字基础设施和公共服务平台的建设等方式,积极与北京、天津的高校、高等科研院、企业科研平台展开合作。同时,加大对科技创新企业的资金支持,重点培育"两业"融合示范企业,并为大中小企业搭建交流平台,形成以小带大,大中小企业协同发展的良好格局。此外,政府也应强化"数字政府"的建设,完善数字基础设施建设,通过建立数字服务平台等方式当好数字化发展的先锋模范。

## 三、创新人才培育与引进模式,汇集数字人才

在信息技术蓬勃发展的当下,推动"两业"融合发展有赖于人工智能、云计算等数字人才的培育。2016 年,河北省推出"1 + 3 + N"的人才政策体系,此后出台人才引进、评价、激励、服务保障等 45 个政策文件,目前已初见成效。但河北省目前仍面临严重的人才流失困境,高端人力资源不足是制约河北省现代服务业和先进制造业发展的主要原因。在人才培育上,一方面,要加强中小学、高校、职业学校教育对新兴数字技术的运用,提升教育水平,同时也要注重计算机技术人才的培养,强化大众对数字技术的兴趣与认识,为专业人才的培育蓄积力量;另一方面,要强化制造业从业人员的技能提升培训,通过资金支持、宣传教育、利用网络资源开设公共学习平台等方式,促进河北省制造业从业人员紧跟发展潮流,提升其数字技术实践能力。此外,也可借鉴德国"学徒制人才"和日本国际化人才的培育模式,创新教育模式,转变教育与就业观念,缓解严重的教育内卷的同时提升人才培育的有效性、专业化,避免人才流失。在人才引进方面,继续完善"1 + 3 + N",加大对高校、企业以及科研院所高端人才尤其是数字技术高端人才的引进支持力度,落实人才引进后的配套政策,提升河北省人才吸引力。

## 四、优化营商环境，为"两业"融合提供多方支持

营商环境的优化有助于为域内企业提供稳定、便利、公平的良好发展氛围，美国、日本、德国以及国内典型地区均对营造优良营商环境予以高度重视。对于河北省来说，一方面，应提高开放水平，降低先进制造业和现代服务业的准入门槛，通过企业间的协作推动技术交流与研发；另一方面，应减税降负，优化政府服务效能，创新举措提升河北省的外资吸引力。此外，要推动产业集聚地和产业园区的数字化建设，为园区内企业提供开放、自由、高效的发展环境。

# 第九章 河北省"两业"融合推动
# 制造业高质量发展的对策

## 第一节 河北省"两业"融合发展存在的问题

近年来,河北省"两业"融合发展步伐不断加快,程度不断加深,融合发展取得明显成效。但总体上看,河北省"两业"融合仍存在许多亟待解决的问题与制约因素。本节根据前文第四章与第五章使用的投入产出表与耦合协调模型对河北省"两业"协同发展的分析结论,结合通过实地调研与问卷调研了解到的实际情况,进一步分析总结河北省"两业"融合发展面临的问题。

### 一、河北省"两业"融合发展整体尚处于较低水平

#### (一)"两业"发展的协同性不强

2002～2017年,河北省现代服务业增加值远高于先进制造业,从中间投入角度来看,河北省现代服务业对先进制造业的中间投入又远高于先进制造业对现代服务业的中间投入程度,表明河北省"两业"发展协同性较低。现代服务业对高技术具有高度依赖性,需要借助先进制造业中的高技术实现自身在价值链中的增值。现代服务业中先进制造业的投入程度低且大部分产业的投入程度甚至呈现持续下降的态势,这使现代服务业的发展

受到需求的制约。先进制造业对科研、信息技术等产业的投入相对不足，导致制造业服务需求弱化，进而导致现代服务业的市场扩张进程缓慢。现代服务业与先进制造业发展速度不匹配，不仅抑制现代服务业自身深度与广度的发展，而且导致现代服务业对先进制造业的支撑力不够。

（二）"两业"融合发展深度不够

第五章的测算结果表明，河北省先进制造业与现代服务业的综合发展水平均不高，这就导致现代服务业对先进制造业的支撑力度不足，影响制造业各行业的产业转型升级；同时，先进制造业对现代服务业的带动作用也较弱，因此，既影响了河北省现代服务业与先进制造业两大产业融合发展的进程和深度，也制约了河北省制造业高质量发展质量。导致河北省"两业"融合发展深度不够的原因可能在于，河北省现代服务业在产业链高附加值环节发展力度不足，在低附加值环节占较大比重，因此，现代服务业融入制造业的环节也更多是服务贸易的环节，没有完全融入制造业生产的全过程。同时河北省人才、技术等要素资源供给不足，对现代服务业与先进制造业的高质量发展的基础支撑不够，也就无法适应"两业"融合发展的需求。

（三）传统的产业结构对"两业"融合拉力不足

近年来，尽管河北省制造业企业在创新驱动发展方面取得了长足的进步，但从其细分指标来看，在研发投入方面，R&D人员投入仍略显不足；在产业结构方面，高端产业的发展速度缓慢，产业结构依然以传统的钢铁行业为主导，结构优化存在较大的进步空间；在品质品牌方面，贸易竞争力优势不足，质量损失率高居不下，优秀品牌数量较少且主要集中在钢铁行业。在研发投入、结构优化和品质品牌三个方面的不足导致河北省制造企业科研能力不足，创新动力较弱，难以拉动企业的转型升级与"两业"融合发展。

## 二、企业侧"两业"融合发展的内生动力不足

企业是"两业"融合发展的主力军和主战场。但是调研发现，河北省

目前"两业"融合还存在以政府侧推动为主、企业侧融合发展内在驱动不足问题,亟待构建以市场为主导的内在动力体系。

(一)企业对"两业"融合的内涵、模式、实施路径等的认识有待进一步明确

在对"两业"融合认知方面,河北省的不少企业都存在重硬件轻软件、重制造轻服务、重规模轻质量、重批量化生产轻个性化定制的观念,对制造业服务化或服务型制造实质的认识亟须进一步提升,有的企业简单将"两业"融合归结为发展生产性服务业。现实中,真正从客户需求出发进行设计,将服务嵌入产品,通过进行商业模式创新,实现产品与服务融合,并提供相应的整体解决方案,从而获得持续服务收入的企业案例还较少,企业对新型服务型制造的模式认识和把握还不清晰。企业对由生产型制造向服务型制造转型过程的认识不明确,对其中涉及的企业与上下游供应商、客户关系的变化,以及企业自身业务流程、组织架构、管理模式等的创新重构也准备不足。

(二)"两业"融合的主体相对单一,龙头企业的带动作用有待强化

目前,河北省多数制造业企业仍以生产制造为主要发展模式,对服务环节的拓展、延伸不够,特别是向高端环节的延伸不够充分,链条延伸相对有限。而且河北省制造业领域融合发展的龙头企业较少,龙头企业对行业示范引领和产业辐射带动作用还不强;大型制造企业在聚合同行业中小企业、降低模型易用性、成本和收益平衡等方面,仍有较大的改进空间;大量中小企业开展融合的动力、能力不足,尚未形成大中小企业合作交流的良性循环,区域产业集聚效应尚未发挥,区域创新发展活力欠佳,因此对企业入驻的吸引力还不强。

## 三、"两业"融合面临政策环境与体制机制的制约

(一)"两业"融合发展的顶层设计规划相对滞后

目前,河北省先进制造业和现代服务业融合发展尚处于初步阶段,各

部门"两业"融合发展政策未形成合力，且政策措施过于笼统，与制造企业融合发展需求不匹配，难以发挥政策效能。而从江苏、北京等地的成功实践经验可以看出，这些省份的顶层设计规划均具有高度的及时性、前瞻性和可执行性，顶层设计规划的引导作用得以充分发挥。

### （二）"两业"融合的配套政策衔接不足

在推进"两业"融合过程中，河北省对于"两业"融合相关的配套政策衔接不足，在市场准入、信息共享、行业标准和监管方式等方面还存在不少制约因素。一是竞争机制方面，河北省与数字经济密切相关的一些现代服务业如科技金融、移动互联网等，还存在准入限制，使非公有制经济进入困难，又由于市场化经营机制不完善，导致数字经济服务于"两业"融合的市场主体和原始动力相对缺乏。多种显性或隐性市场壁垒使制造业企业跨界延伸到服务业遇到较大障碍。二是现代服务业市场不健全。现代服务业多属于知识、技能密集型行业，一般具有初始投入较高而边际成本较低的规模报酬递增特征，市场规模越大，效率越高。目前，我国在全国范围的统一开放、竞争有序的现代服务业市场体系尚不完善，制约了河北省现代服务业的专业化发展，也制约了河北省的"两业"深度融合。三是对"两业"融合发展出现的新产业和新业态，缺乏与之适应的标准体系、评价体系和动态监测体系。四是营商环境方面，办理施工许可、信贷获取、合同执行、纳税、破产办理、劳动力市场监管等方面仍存在不少亟待解决的问题，制造业企业与服务业企业的优惠政策力度还存在较大差距，制造企业在开展服务业务时较难获得与服务业企业相一致的优惠政策，知识产权也尚未得到足够的保护和重视。

## 四、"两业"融合发展人才供给严重不足

人才是"两业"融合的主要根基和源泉。"两业"融合发展涉及管理、技术、服务等领域人才，需要互联网、物联网、大数据等高技术人才作支撑。当前我国技术技能人才仍主要集中在传统产业，能够满足"两业"融合发展需求的人才尤其是"数字人才"缺乏。而河北省高校资源又相对匮乏，且受京津"虹吸效应"影响面临严重的人才流失，高

端人才供给更是严重不足。尽管近年来河北省在吸引人才方面出台了不少政策举措,但针对性不够强,而且与其他省份相比竞争力不强,加之河北省对"两业"融合发展的前瞻性认识不够,本省高校的专业、学科设置未能紧跟融合发展趋势,"两业"融合人才培养滞后,大数据、人工智能等典型数字化专业的设置也尚处起步阶段,因此,河北省"两业"融合发展所需要的人才尤其是既懂制造又懂服务的复合型人才资源极为紧缺。

## 五、"两业"融合的技术、数据、标准等要素的支撑能力有待加强

强大的数字技术是"两业"融合的重要支撑与推动力。数字化赋能有助于促进制造业与服务业的深度融合,助力制造业转型升级。一方面,数字化技术通过对传统制造业进行赋能,有助于实现创新设计与生产制造的柔性化、精细化、个性化和智能化,更好地满足消费者多样化、个性化的需求;有助于实现制造业的质量变革、效率变革和动力变革,优化企业的生产运营流程并进一步提升企业创造的附加值;有助于推进制造业从全球价值链的中低端向高端跃进。另一方面,数字化赋能能够提升工业设计服务、定制化服务、协同共享制造、信息增值或智能服务以及全生命周期管理水平,促进制造业的服务化转型,最终推动制造业在与服务业的深度融合中实现转型升级。近年来,虽然河北省数字经济发展较快,但尚处于起步阶段。国家工业信息安全发展研究中心发布的《全国数字经济发展指数DEAI(2022)》显示,2021年,河北省DEAl指数为131.4分,低于全国平均水平(132.3分)。河北省数字赋能的价值性还未充分体现,依托"互联网+"推进制造业与互联网融合成为"两业"融合和制造业转型升级的先导作用也尚未有效显现。这导致河北省的一些企业对于数字经济运行,尤其是企业管理层对数字经济影响企业经营管理向高端化迈进的重要性认识不足,不少企业仍缺乏基于"数字理念"对企业融合发展战略、商业模式、组织架构、管理体系等进行重构与再造的战略性眼光与企业家精神。在"两业"融合过程中,有的企业重技术引进、轻研发应用,融合过程的技术支撑和智能化水平不高;有的企业重设备、要素投入,轻系统集

成，生产与研发、销售、服务等环节数据链尚未完全打通，融合发展效果不显著。数据信息垄断和条块分割严重，数据公开和共享的激励机制不健全，造成数据不能共享流通，制约了"两业"融合向深度发展。我国生产性服务行业标准及规范建设相对滞后，一些生产服务业的国家标准或行业标准制定工作尚处于起步阶段，现行标准体系中，存在着部分服务行业国内标准与国外标准不能对接、地方标准与国家标准相互矛盾、不同行业之间的标准难以衔接等诸多问题。很多企业的信息化业务系统由不同系统的服务商建设，因缺乏相应的接口标准和规范，导致相互之间不能进行有效信息共享和业务集成，难以实现生产与服务的融合。

## 第二节 河北省以"两业"融合推动制造业高质量发展的总体思路

### 一、基本思路

河北省"两业"融合推动制造业高质量发展的基本思路是：以习近平新时代中国特色社会主义思想为指导，贯彻落实习近平总书记关于制造强国、质量强国、网络强国、数字中国、数字经济等重要论述和对河北工作的一系列重要指示，紧紧抓住京津冀协同发展和雄安新区建设战略契机，坚定不移实施制造强省战略，加快传统优势产业提档升级，大力发展战略性新兴产业，培育发展高潜力未来产业，加速制造业高端化、智能化和绿色化发展，着力构建现代化制造业体系，坚实制造业与服务业融合发展的基础。

### 二、基本原则

河北省以"两业"融合推动制造业高质量发展的基本原则是：创新驱动、质效优先、融合深入、协同发展、绿色转型和开放合作。

创新驱动。坚持创新在制造业高质量发展中的核心地位，强化企业创新主体地位，产业链与创新链协调互补，推进产业协同创新和成果转化，突破一批"卡脖子"关键核心技术,提升产业技术创新能力。

质效优先。坚持质量第一、效益优先的根本原则,着力优化制造业供给结构,建立健全高质量标准体系,着力调优存量、做强增量、提高质量,提升中高端产品供给能力,打造名品、名牌、名企,提高制造业生产效率,促进制造业向价值链中高端跃升。

融合深入。坚持先进制造业与现代服务业融合为主攻方向,培育壮大现代化服务业,深入推进新一代信息技术与制造业深度融合,加快发展工业互联网,提升企业数字化、网络化、智能化水平,推动制造业数字化转型。

协同发展。坚持京津冀产业协同发展,牢牢把握北京非首都功能疏解;优化区域产业链布局,强化区域产业协同,构建分工定位明确、产业链高度耦合、供应链高效协同的区域制造业体系;培育壮大一批优势突出的特色产业集群,发挥龙头企业带动作用,促进各类企业融通发展。

绿色转型。坚持生态优先、绿色低碳发展理念,围绕"碳达峰、碳中和"目标决策部署,落实调整产业结构、用能结构,加快重点行业和重点领域绿色化改造,推动行业结构低碳化、制造过程清洁化、资源利用高级化,加快构建高效、清洁、低碳的绿色制造体系。

开放合作。坚持把高水平对外开放作为实现制造业高质量发展的重要路径,主动投身国际市场,充分利用国际国内两个市场、两种资源,吸引技术、人才等优质要素,深入实施更大范围、更宽领域、更深层次的对外开放;开展国际产能合作,积极嵌入产业链、供应链国内国际双循环,培育新形势下参与国际合作和竞争新优势。

# 第三节　河北省"两业"融合发展的新业态、新模式

河北省"两业"融合正处于初步互动融合期向深度协同创新期的过渡阶段,未达到良好协调的优质阶段,关联性与协调性仍然欠缺。因此,河北省"两业"融合更需要先进制造业与现代服务业的协调发展,加大政策支持力度,探索一批"两业"融合新业态和新模式。

## 一、构建延伸式、强链式、集群式、平台式四种融合形态，释放"两业"融合发展新效能

河北省应大力推进先进制造业和现代服务业耦合共生，构建形成延伸式、强链式、集群式、平台式四种融合形态，实现产业附加值由加和效应、协同效应、乘数效应到幂数效应的跃升，持续激发产业发展动能，释放"两业"融合发展新成效。

首先，加快发展延伸式融合，释放"两业"融合"加和效应"。河北省要充分发挥多元化融合发展主体作用，持续打通投入、产出服务化和服务产品化"任督二脉"，加快实现"制造业服务化、服务业制造化"，推动制造业、服务业龙头与领军企业从单纯的产品制造商或服务提供商向"产品+服务"提供商转型，释放"两业"融合的加和效应，塑造河北省制造业和服务业的竞争新优势。

其次，大力推动强链式融合，释放"两业"融合"协同效应"。河北省要着力放大链主企业"头雁"效应，持续推进创新强链、培优固链、精准补链，大力实施创新赋能、加快推动要素相融，打通上下游全价值链，实现从源头供应到成品交付的全流程一站式服务，大力培育一批群链牵引力强、产出规模大、创新水平高、核心竞争力突出、市场前景广阔的全链式解决方案提供商和系统服务商，不断引领河北省产业链深度融合和高端跃升，释放"两业"的协同效应。

再次，构建集群式融合，释放"两业"融合"乘数效应"。根据《河北省战略性新兴产业发展"十四五"规划》，河北省正在实施战略性新兴产业融合集群发展行动，该行动重点支持生物医药、电子信息、新能源汽车等9个产业集群，并重点培育新材料、安全应急装备、现代中医药等8个产业集群，以促进战略性新兴产业由集聚发展向集群发展。河北省应加快构建战略性新兴产业融合集群培育机制，不断强化"群与群"融合、"业对业"奔赴，以集群式融合释放"两业"融合的乘数效应。

最后，探索平台式融合，释放"两业"融合"幂数效应"。平台式融合，通过高水平打造工业互联网、元宇宙和供应链"平台+""场景+"，形成用户、整机厂、上下游企业联动的快速响应制造服务能力，推动跨企

业、跨行业、跨领域的平台式立体融合，探索实现制造先进精准、服务丰富优质、流程灵活高效、模式互惠多元新路径。以工业大数据的规模汇聚效应实现新的经济增长，积极推动大数据在产品全生命周期和产业链全流程各环节的应用，释放"两业"融合的"幂数效应"，充分发挥数字技术对"两业"融合的放大、叠加和倍增作用。

## 二、加强生产服务平台建设，催生"两业"融合新模式

支持大型制造企业、第三方物流企业、互联平台企业等构建供应链协同服务平台，形成用户、整机厂、上下游企业联动的快速响应制造服务能力，通过工业大数据的规模汇聚效应实现新的经济增长，积极推动大数据在产品全生命周期和产业链全流程各环节的应用。

首先，生产服务平台依托云计算、大数据、物联网等先进技术，构建起开放、共享、协同的产业生态，可有效打破制造业与服务业的信息壁垒，实现资源、能力、需求的精准对接。平台通过集成设计、采购、生产、销售、服务等全链条功能，促使制造业企业无缝融入服务环节，推动服务型制造模式的发展，提升产品附加值与市场竞争力。其次，生产服务平台以其强大的资源整合与配置能力，助力"两业"融合中的业态创新与模式变革。平台能够汇聚多元服务提供商，为制造业企业提供一站式、定制化的服务解决方案，推动先进制造业从单一产品制造向提供综合解决方案转变。此外，平台通过数据分析与智能匹配，引导企业精准定位市场需求，驱动产品创新与服务升级，促进产业链上下游深度合作，形成"制造＋服务"深度融合的新业态。

生产服务平台凭借其信息整合、资源链接、创新赋能等功能，能有力推动制造业与服务业在技术、业务、数据等方面的深度交融，催生新业务模式，提升产业效率，为"两业"融合注入强大动能。

## 三、大力发展智能化制造，为"两业"融合创造新的增长点

智能制造作为现代工业发展的重要驱动，对推动"两业"深度融合具有至关重要的作用。首先，智能制造通过数字化、网络化、智能化技术的

应用，打破传统制造业的边界，使制造过程与服务环节紧密相连，实现产品全生命周期管理。例如，远程运维、预测性维护等智能服务直接嵌入制造流程，既提升了产品附加值，又满足了客户个性化、即时性的服务需求，有力推动制造业服务化转型。其次，智能制造能够催生新业态、新模式，为"两业"融合创造新的增长点。如基于工业互联网平台，制造业企业可开展定制化设计、协同制造等服务，实现从单一产品提供者向整体解决方案供应商的角色转变。最后，智能制造通过提升生产效率、优化资源配置、降低运营成本，为先进制造业与现代服务业融合提供了坚实基础。自动化生产线、柔性制造系统以及智能供应链管理等应用，显著提高了生产效率和生产质量，使制造业能更专注于高价值服务环节，如研发设计、品牌营销等，从而推动与现代服务业更高层次、更广范围的融合。

智能制造以其强大的技术赋能与模式创新能力，重构先进制造业与现代服务业的关系，推动"两业"在价值链、产业链、创新链上的深度融合，实现资源共享、优势互补、协同发展，对构建现代化经济体系、提升产业竞争力具有重大战略意义。

## 四、释放跨境电商潜力，推动"两业"深度融合

跨境电子商务作为一种新兴的外贸业态，为提升企业创新能力提供了新的契机，对推动"两业"融合发挥着关键桥梁与催化剂的作用。跨境电商贯穿产业、招商、市场、业态、研发设计、生产制造、物流仓储分拨、销售推广乃至投资等各个环节，正从消费型、销售型逐渐演化到生产型、服务型乃至全产业链型，跨境电商与产业集群融合发展趋势凸显。跨境电商以其独特的平台优势与资源整合能力，深度联结先进制造业与现代服务业，不仅助力先进制造业转型升级，提升国际竞争力，也促进了现代服务业结构优化，为构建开放型经济新体制注入强劲动力。

首先，跨境电商打破了时空限制，给制造企业提供了直接面对全球消费者的机会，为制造业产品直接触达全球消费者提供了高效便捷的通道。跨境电商平台消费者的个性化需求增强了企业培育新产品的动力，促使制造业企业更加关注市场需求、品牌开发和消费者体验等服务要素，加速制造业服务化进程。通过电商平台的大数据分析，企业能精准把握消费趋

势,实现产品定制化生产与精细化营销,将制造与销售服务无缝对接,推动"两业"在价值链前端深度交融。其次,跨境电商平台集成了物流、支付、营销、售后等一系列服务功能,构建起覆盖全球的综合性服务体系,有力推动了先进制造业与现代服务业在产业链中后端的融合。如智慧物流系统的应用,提升了供应链效率,降低了物流成本。跨境支付解决方案则确保了交易安全,简化了结算流程,为制造业出海扫清障碍。这些服务元素与制造业紧密结合,共同构成完整的跨境电商生态系统。此外,基于制造业向服务业融合的视角,跨境电子商务可以降低制造企业服务化发展的门槛,在海外市场中,入驻跨境电商平台的企业可以依托自身的核心制造优势,逐渐拓宽贸易领域,更多地开展生产、研发、营销、售后服务、品牌运营等高附加值业务,这将是新国际贸易形势下制造企业实现创新能力提升的新机遇。

河北省各地市可借助产业、区位、市场等优势,围绕河北省战略性新兴产业融合集群发展行动重点支持生物医药、电子信息、新能源汽车等9个产业集群,聚焦本地市重点产业集群,通过相互渗透、功能互补和全面融合等多种路径促进跨境电商和制造业产业集群融合发展。一是相互渗透路径。跨境电商与制造业产业集群互相渗透转型,构建产贸一体化组织,既可以是制造业企业借助数字化转型拓展跨境电商业务,也可以是跨境电商企业将业务拓展到制造业领域。二是功能互补路径。跨境电商与制造业产业集群的功能互补,能够构建跨境电商产贸上下游协同合作模式。通过强化跨境电商与制造业产业链上下游的协同合作,共同快速响应市场需求。既可以打通跨境电商与制造企业的垂直链接,调动上下游产能和生产资料快速衔接,又能通过建立多方面、深层次的柔性合作体系,帮助跨境电商与上下游的合作伙伴建立良好的合作关系,建立起相互依存、互利共赢的有机合作体。三是全面融合路径。跨境电商与制造业产业集群的全面融合,可构建跨境电商产贸融合组织。该路径是随着产贸融合的不断深化和演变,跨境电商引发制造业产业集群在经营理念、生产运营模式上发生本质性的变化,促成两者产业重组和全面融合。

## 五、加快新质生产力发展,催生"两业"融合新业态和新模式

2023年9月,习近平总书记在黑龙江考察调研期间首次提到"新质

生产力"一词。2024年3月5日，李强总理在做政府工作报告时强调"大力推进现代化产业体系建设，加快发展新质生产力"。新质生产力在创新中起主导作用，摆脱了传统经济增长方式和生产力发展路径，具有高科技、高效能、高质量特征，符合新发展理念下的先进生产力质态。具体来说，主要指以科技创新为核心，包括数字技术、人工智能、生物科技等前沿领域的新型生产力形态。新质生产力通过智能化、数字化手段重塑了制造业的内部结构和外部连接，将制造业传统的生产导向转变成服务导向。新质生产力是顺应新时代中国特色社会主义经济的产物，对先进制造业与现代服务业的深度融合具有深远影响与重要推动作用。

首先，新质生产力为"两业"融合提供了强大的技术支撑。诸如云计算、物联网、大数据、区块链等新兴技术，正在深度渗透到制造业各环节，实现生产、运营、服务的全面数字化、网络化，打破了制造业与服务业的传统边界，催生出远程运维、智能定制、共享制造等融合业态，提高生产过程的灵活性和适应性，赋予制造企业强大的客户响应能力，使其能够提供定制化和个性化产品，从而改造企业的生产模式，推动制造业向客户中心化及服务导向型发展。其次，新质生产力驱动"两业"融合模式创新与产业升级。人工智能、机器学习等技术赋能产品设计、生产规划、市场预测，促使制造业与服务业在研发、生产、销售、服务等全价值链中实现深度协同。信息技术的广泛应用使数据成为连接制造业与服务业的纽带，实现供应链管理的精准、高效与智能。通过对大数据的深度分析，制造企业能够洞察市场与消费趋势，将信息流转化为价值流，推动产品创新和服务创新相辅相成。服务业的知识和技术要素与制造业的生产运营环节交织融合，共同构筑起新的产业生态，从而产生协同效益。新质生产力促使制造业与服务业在研发、生产、销售、服务等全价值链中实现深度协同，为制造业提供综合解决方案的新模式，实现从产品供应商向综合解决方案提供商的转变，形成"制造＋服务""产品＋解决方案"的一体化服务模式，这不仅更能满足客户需求，还将实现制造业与客户间的价值共创，进而提升产业链整体效能。最后，新质生产力激发"两业"融合中的创新创业活力。开放创新平台、众创空间、科技孵化器等新型创新载体，依托新质生产力，汇聚多元主体，加速技术、人才、资本等要素流动与整合，催生大量创新型企业，增强经济发展的内生动力与韧性。

新质生产力以其革新性、渗透性和集成性特征,重塑先进制造业与现代服务业的关系,催生"两业"融合新业态,驱动模式创新与产业升级,激发创新创业活力,对推动"两业"深度融合具有关键性意义。

# 第四节　河北省重点行业融合发展的新路径

河北省是传统工业大省,也是我国第一钢铁大省。近年来,河北省围绕推动高质量发展首要任务,着力加快产业转型升级,主动破解发展困局,推进新旧动能转换,加快发展新质生产力,钢铁产业、装备制造业、石化产业、食品产业等传统产业改造升级步伐加快,信息技术产业、生物医药产业、新能源产业等新兴产业加速发展,呈现出新的发展活力与生机,为经济高质量发展奠定了坚实基础。

## 一、做优做强传统优势产业

从"两业"融合的角度来看,河北省做大做强传统产业可以采取以下策略。

### (一)智能化改造升级

推动智能制造在传统产业中的广泛应用,如建设智能工厂、数字化车间,采用自动化设备、物联网技术、工业软件等提升生产效率和产品质量。加快推进工业互联网平台建设,通过数据收集、分析与应用,实现全产业链、全生命周期的透明化管理,提升供应链协同效率,降低运营成本。利用大数据、人工智能等技术进行市场预测和产品设计优化,提升研发创新能力,及时响应市场需求。

### (二)服务化模式创新

鼓励企业从单纯的产品提供者向系统解决方案供应商转变,提供设计咨询、设备租赁、运营维护等增值服务,提高产品附加值。发展共享制造、云制造等新型制造模式,利用平台经济整合闲置产能,实现资源高效利用,满足多元化、定制化市场需求。创新商业模式,基于大数据实现精准营销,基于物联网打造智能仓储物流,提升服务效率和服务质量。

### (三)政策化引导支持

完善"两业"融合的政策体系,出台专项扶持政策,对智能化改造、服务化转型、产业链协同等项目给予财政补贴、税收优惠、低息贷款等支持。建立"两业"融合试点示范,推广成功案例,引导更多企业参与融合实践。加强人才培养与引进,提升产业人才的数字化技能与服务意识,建设适应"两业"融合的人才队伍。完善相关法规标准,保障数据安全,加强知识产权保护,营造公平竞争、鼓励创新的市场环境。

## 二、培育壮大新兴产业

从"两业"融合的角度来看,河北省培育壮大新兴产业可以采取以下策略。

### (一)培育创新生态

构建产学研用深度融合的创新体系,支持信息技术企业与制造业企业、高校、科研机构等合作,共建技术创新联盟、产业研究院,攻克关键技术,推动信息技术成果在制造业中的创造性转化、创新性发展。利用大数据、人工智能等技术推动电子商务、在线教育、远程医疗等服务业与信息技术产业融合,形成数字经济新生态。在提升现代服务业数字化水平的同时,带动信息技术产业自身发展。鼓励新能源装备制造企业与科研机构、设计单位深度合作,共同开展关键技术研发及设备创新,提升新能源装备的智能化、网络化水平,为制造业提供先进的新能源装备与技术服务。推动生物医药企业与医疗器械、医疗机构深度合作,开发精准诊断、个性化治疗方案以及远程和移动医疗等服务,实现生物医药与医疗服务的无缝对接,提升医疗服务质量与患者体验。

### (二)"服务+"融合发展

鼓励信息技术企业面向制造业需求,提供工业软件、云计算平台、物联网解决方案等服务,助力传统制造业数字化转型,提供远程监控、数据分析、故障预警等个性化信息服务,实现信息技术与制造业服务化的深度融合。推动新能源企业与电力、交通、建筑等行业的深度融合,探索涵盖发电、储能、供电、能效管理等在内的综合能源服务,参考优秀地区模范成果。例如,光伏建筑一体化、电动汽车充换电网络、智慧能源管理系统等,形成"服务+新能源"模式;利用生物技术开发大健康产品,推动生物医药与食品、美容、旅游等服务跨界融合,形成生物技术驱动的大健康产业体系。

# 第五节 河北省加快推动"两业"融合发展的政策建议

## 一、加强顶层设计,健全政策保障体系

河北省政府相关部门推进"两业"融合发展,要强化改革意识、系统思维以及整体智治理念,将数字化、一体化、现代化贯穿"两业"融合工作全过程,健全组织领导机制,加强顶层设计,健全政策保障体系。

### (一)健全组织领导机制,加强顶层设计

健全组织领导机制,加强顶层设计。前瞻性的顶层规划、公平便捷的营商环境是各地区在"两业"融合促进制造业高质量发展过程中占领先机的关键。对于河北省来说,一方面,政府要加强规划引领,健全组织领导机制,做好顶层设计规划,细化推动融合发展的实施细则和专项政策。另一方面,政府要加强"两业"融合工作的组织实施力度,建立部门间的协调联通互动制度。包括经信、发改、商务、自然资源、市场监管等多个单位,各部门要协同推动,协调解决重大问题,共同研究进一步加大支持"两业"融合发展的政策措施。

### (二)建立一体化政策体系

建立一体化政策体系,为促进"两业"深度融合举措的顺利实施提供支持与保障。定期梳理、更新相关政策和制度,将高质量发展的目标有机

嵌入各项常规政策，建立以常规政策为主、非常规政策为辅的现代化政策体系。将先进制造业和现代服务业纳入统一性的政策范畴，消除其在税收、金融、科技、要素价格上的政策差异，降低交易成本，提升现代服务业对制造业的支撑力度，避免现代服务业"脱实向虚"，降低其"自我循环"程度，推进制造业高质量发展。持续深化"放管服"改革，以"数字政府"建设全面推动营商环境优化，简化审批流程，提高政务服务效率。营造公平公正的市场环境，激发市场主体活力；完善相关法律法规和监督机制，为"两业"融合发展扫清障碍。

（三）完善配套措施体系

完善"两业"融合配套措施，全面助力融合发展。借鉴前文分析总结的国内外经验，河北省要坚持协同推动，不断完善"两业"融合配套措施，形成融合发展合力。

**1. 加强"两业"融合公共服务平台建设**

搭建"两业"深度融合的"对接平台"，建立一批有利于"两业"深度融合发展的共性技术研发平台、公共服务平台、大数据平台，有效支撑"两业"深度融合。加快建设面向制造业的专业服务平台，瞄准价值链高端环节，完善制造业研发设计、协同制造、定制化服务、供应链管理、全生命周期管理、信息增值服务和融资租赁等领域的公共服务体系，提升制造业企业服务创新能力。推动传统制造企业开放资源要素和产能，构建共享协同生产或服务的平台。数字经济条件下，推动政府部门数据共享、公共数据资源开放，健全数据开放共享和交易的机制。

**2. 强化数字基础设施建设**

强化数字基础设施建设，适度超前开展工业互联网、物联网、工业云服务平台、行业大数据中心等数字基础设施建设，而且要与行业、企业对接，夯实智能制造和智能服务融合发展的新基础设施，将制造业数字化、网络化、智能化与制造业服务化融合发展。

**3. 发挥好财税金融政策的支持作用**

利用好财税政策工具，强化金融对"两业"融合的支持作用，创新用地模式。通过税收减免、专项资金、融资贷款等财税优惠以及引导金融机构优化服务机制、探索功能适度混合的产业用地模式等方式，支持重点领域工业互联网建设和发展，形成一批行业通用型和行业专用型工业互联网平台，充分发挥行业内领军企业的示范效应和帮扶效应。

**4. 深化"两业"融合试点工作**

深化"两业"融合试点工作，做好监测、评估与反馈，要求构建科学的评估体系，做好动态跟踪和阶段性评价工作。尤其是要做好"两业"融合试点地区和企业工作的监测与评估，以试点单位为抓手，及时找出发展中存在的问题，发挥政府的带动作用，推动"两业"融合项目的开展与实施，推动试点区域"两业"融合工作走深走实，提高融合发展成效。强化试点经验推广，着力挖掘产业协作、供应链互通、技术创新等方面的先进做法，复制推广到其他行业领域，不断探索"两业"融合发展新业态、新模式、新路径。

**5. 健全技术咨询和服务体系**

健全技术咨询和服务体系，有效整合科研院所、高校和企业等创新资源，建立河北省工业互联网创新中心、产学研协同创新中心和服务型制造示范基地，促进创新成果的产业化。此外，"两业"融合发展涉及大量现有政策的改革，助力融合发展需要因时而变，借鉴其他省份经验，提前做好政策变更与发布将能够有效推动融合发展。

## 二、加强对企业的引导与激励，激发企业融合发展的内生动力

### （一）加大宣传力度，激发企业融合发展意愿

河北省政府相关部分应加强宣传力度，进一步提升企业对新产业革命条件下"两业"融合重要性、实现模式、机制的认识，以及数字经济影响企业经营管理向高端化迈进的重要性的认识，使企业管理者充分认识到，发展先进制造业与现代服务业深度融合既是企业实现向价值链两端延伸的必要路径，也是加快建设经济强省、美丽河北的重要途径，更是建设现代化产业体系的重要内容，是实现高质量发展的内在要求。同时，加大"两业"融合成功企业案例的宣传，引导激励同行业企业进行融合发展。也可以通过宣传、引导、路演、展会、申报等各种形式，促进"两业"融合发展集群和企业生态圈的培育和形成。

## （二）强化"两业"融合发展主体培育

要深度把握"两业"融合发展趋势，围绕重点领域和关键环节，强化培育融合发展主体，激发企业融合发展的内生动力，加快形成一批引领带动作用强的融合型载体，提升融合创新能力。以国家级和省级的"两业"融合试点企业为突破口，着力培育一批产业链控制力强的龙头企业、链主型企业、行业骨干企业，强化产业链龙头企业引领作用，发挥行业骨干企业示范效应，引导头部企业、产业细分领域龙头企业和链主型企业、中小企业等融合主体深化路径模式创新探索，促进上下游企业分工协作、联动融通。以试点区域为主阵地，加强先进制造业基地与现代服务业集聚示范区对接合作，支持建立特色鲜明的"两业"融合公共服务平台。

## （三）推动企业融合发展提质增效

针对企业在服务领域投入不够、融合质量不高的问题，政府要聚焦重点领域突破，制定相关政策分类引导制造业的融合发展，引导传统产业数字化改造，推动制造业产品创新、技术创新、模式创新；引导新兴产业强化科技创新能力，推动企业向服务化转型。针对创新具有内在不确定性且需要长期持续投入的问题，政府要引导知识和技术相对欠缺的制造企业选择嵌入焦点企业所在的生态网络中，通过探索式创新和利用式创新相结合的方式，增强自身的资源生态位，为组织变革和获取可持续竞争优势奠定基础。

# 三、加大"两业"高附加值环节发展支持力度，提升相互支撑能力

## （一）加大对先进制造业高附加值环节发展的支持力度

加大对先进制造业高附加值环节发展的支持力度，推动制造企业高质量发展。一是继续深化供给侧结构性改革，围绕"三去一降一补"协同发力，形成推动制造企业高质量发展的倒逼机制。促使制造企业通过数字化和服务化转型实现服务型制造。支持产业链上下游企业采用数字技术、区

块链技术、云计算等现代化的信息技术，提高微观市场主体的资源利用效率，提升整个制造业的要素投入产出比。二是从产业和产品两个方面推动先进制造业高附加值环节发展。产业方面重点推动互联网、大数据、人工智能等新一代信息技术与制造业深度融合，加快推进智能工厂、智能车间建设，构建先进工业互联网体系，为技术与制造业融合提供基础支撑；产品方面重点推进制造业产品创新、生产技术创新和产业模式创新，提高制造企业数字化、智能化水平。持续推动制造业企业技术改造和工艺装备升级，培育行业龙头服务商。

### （二）加快技术密集型服务业发展，提升服务业对制造业的支撑能力

大力发展智慧物流，推进数据开放共享协同，并轨公共物流数据服务平台，多部门共同参与，推动政务信息交互共享，探索制定数据交易规则。推进新型基础设施建设，引导资金投入开展物流金融服务，推动高速公路、港口码头、铁路、机场数字化改造，打通多元联运堵点，打造一体化、综合性物流智慧平台。支持新兴平台软件实现突破和创新应用，完善互联网市场准入、禁止许可目录，引导平台企业合理确定支付结算、平台佣金等服务费用，给予优质小微商户一定流量支持，对大中小平台企业一视同仁，构建公平竞争舞台，推动平台经济规范健康发展。积极招引龙头企业关联的生产性服务业企业，培育壮大工业设计、研发孵化、检验检测等业态，加快形成专业化生产性服务业集群。大力培育专业化、规范化和国际化的科技中介服务机构，改进现有服务业务构成，对标国际标准不断创新服务方式、服务手段，提升科技咨询、中试孵化、知识产权、成果转化等科技中介服务水平，提高科技成果转化效率。支持研发云计算、大数据、互联网等新兴领域关键软件产品和解决方案，提升服务业对制造业的支撑能力。

### 四、提升人才和技术要素供给保障能力，强化"两业"融合根基

### （一）全面加强"三支人才队伍"建设

人才是"两业"融合的基础，要实现先进制造业与现代服务业的深度

融合，必须依靠构建完善服务型制造人才体系，才能通过融合服务业，夯实制造业，推动经济由虚向实发展。从美国、日本、德国三国的政策举措可以清晰地看出，人才培育、引进与评估方面的优势是促进数字化、智能化以及产业融合发展的不竭源泉。人才吸引力低、人才流失严重、高校资源的相对匮乏以及京津地区"人才虹吸"效应是目前困扰河北省人力资源和创新发展的重要因素。借鉴先进地区的典型经验，河北省应深入推进"人才强省"战略，全面加强"三支人才队伍"建设，培育壮大"两业"融合发展人才队伍。

**1. 培育壮大企业家队伍**

培育壮大企业家队伍是"两业"融合发展人才队伍建设的重中之重。根据产业类型、企业特色和人员特点，建好河北企业家人才库，构建企业家培育体系，着力培训提升企业家发现机会、整合资源、创新价值、服务社会的能力水平，使之成为河北省"两业"融合发展的引领者。

**2. 培育壮大高层次人才队伍**

培育壮大高层次人才队伍，要坚持引育并举，推出更加实惠型人才吸引政策，引进高层次人才和创新团队。把招引高质量项目与招聘高层次人才紧密结合起来，以全力招引院士团队创业项目或国家级人才项目为目标，优化提升河北省的人才结构，形成人才—项目—融合发展新格局。实施高端人才全职引进、"燕赵青年科学家"、科技卓越人才国际交流、国家"千人计划"高层次领军人才引进等计划，大力引进领军型科技人才。同时构建专精人才跨界协同机制，统筹各方教育培训资源培养复合型人才、混合型管理人才，提升人才素质能力，强化创新型、应用型人才培养。在战略性新兴产业和未来产业布局中培育一些潜在独角兽企业或种子独角兽企业，使之成为河北省"两业"融合发展的支撑者。

**3. 培育壮大高水平"工匠"队伍**

培育壮大高水平"工匠"队伍，建立职业教育和普通高等教育有机结合的多层次人才培养体系，鼓励企业与高校、科研院所共建实验室、实践教学基地、实训基地、应用技术协同创新中心，根据企业需求开展人才"订单式"培养。全力扶持在冀高职院校实施培优提质建设工程，大力推进应用型优势学科专业培育，支持高职院校联合全省重点企业设立现场工程师学院，培养更多适应先进制造业与现代服务业融合需求的技术人才，使之成为河北省"两业"融合发展的承接者。

（二）提升技术要素供给保障能力

大力加强先进制造业与现代化服务业技术创新和生产模式创新。进一步加强对"两业"融合重大共享关键技术研发的支持力度，重点突破一批支撑服务型制造发展的核心技术，促进更多优质生产要素流向先进制造业和现代服务业融合生态。打破要素壁垒，利用新一代信息技术，独立或合作构建数字化服务平台，为其他制造业企业提供战略咨询、数字化能力建设、解决方案创新等综合性服务，打通产业链堵点和难点，促进创新要素双向自由流动。鼓励建立跨区域、跨领域的新型产业联盟，拉近先进制造业与现代服务业间的距离，促进要素间交互共融。

## 五、加强区域间合作和国际合作，共建融合创新高地

（一）加强"两业"融合方面的区域间合作

美国的创新网络是其创新驱动发展、推动"两业"融合的重要动力源泉，这得益于其"因地制宜"和区域协同、互联互通的发展战略。京津冀协同发展自 2013 年提出以来，至今已有 11 年的历程。11 年间，京津冀加快互联互通的基础设施建设，有效促进了区域协同发展。在"两业"融合发展为抓手推动制造业高质量发展的背景下，河北省应牢牢把握住自身的区位优势，注重区域协同，依托京津冀协同发展战略，结合自身特色优势，加强与北京、天津在科技创新、产业转移、市场拓展等方面的深度合作，吸引高端服务业和先进制造业项目落地河北，着力打造一批竞争实力强的高精尖技术。依托高技术研发机构和平台，发挥资源整合、高技术人才、产业链和平台等方面的优势，集中力量开展应用和创新研究。此外，河北省县域辽阔，要充分激发各县经济发展动力与活力，引导县域结合自身资源禀赋和产业基础，在加快数字化升级的基础上，差异化发展特色产业，形成"一县一特"的格局，同时对接和服务雄安新区建设，共享新区发展红利。

（二）加强"两业"融合方面的国际合作

目前，河北省现代服务业的国际化水平不仅低于制造业发达的国家，也低于国内先进省份，主要表现为海外营收占总营收的比重低、对外开放程度低等，由此导致河北省高端制造业对国外现代服务业依赖程度较高。为此，河北省应进一步扩大现代服务业对外开放，积极利用国际优质服务资源要素发展高端现代服务业。同时，深度融入全球产业链分工体系，推动产业合作由加工制造环节向研发、设计、服务等环节延伸。鼓励有实力的国外企业、设计机构等到河北省投资，发展服务型制造。进一步拓展与"一带一路"共建国家在制造业服务化方面的合作，引导省内制造业企业取得国际认可的服务资质，积极承揽国际项目，带动中国装备、技术、标准、认证和服务"走出去"。同时充分挖掘跨境电商综合服务平台的潜力，构建跨境电商和制造业产业集群柔性合作机制，积极开展"跨境电商+制造业产业集群"合作试点，围绕融合发展这一主题，以国际贸易订单为线索，将上游制造业产业集群生产资源、商品资源和跨境电商分散订单匹配起来，促进跨境电商和制造业产业集群融合发展。

# 附　　录

## 2011～2022 年河北省制造业高质量发展评价指标规范化得分

| 指标 | 2011 年 | 2012 年 | 2013 年 | 2014 年 | 2015 年 | 2016 年 |
|---|---|---|---|---|---|---|
| A1 | 0.0411 | 0.0915 | 0.1437 | 0.2219 | 0.1347 | 0.1256 |
| A2 | 0.1565 | 0.1081 | 0.1106 | 0.0850 | 0.0603 | 0.1139 |
| A3 | 0.0018 | 0.0062 | 0.0170 | 0.0463 | 0.0135 | 0.0329 |
| B1 | 0.0030 | 0.0153 | 0.0155 | 0.0402 | 0.0582 | 0.0727 |
| B2 | 0.0001 | 0.0130 | 0.0238 | 0.0346 | 0.0518 | 0.0562 |
| B3 | 0.0002 | 0.0021 | 0.0037 | 0.0103 | 0.0395 | 0.0959 |
| B4 | 0.0002 | 0.0146 | 0.0265 | 0.0374 | 0.0411 | 0.0527 |
| C1 | 0.0018 | 0.0173 | 0.0519 | 0.0692 | 0.0865 | 0.1037 |
| C2 | 0.1631 | 0.0926 | 0.1215 | 0.0781 | 0.0199 | 0.0016 |
| C3 | 0.0006 | 0.0016 | 0.0031 | 0.0781 | 0.0912 | 0.1551 |
| D1 | 0.0005 | 0.0014 | 0.0308 | 0.0184 | 0.0686 | 0.1045 |
| D2 | 0.0199 | 0.0632 | 0.0555 | 0.0794 | 0.2877 | 0.1534 |
| D3 | 0.1929 | 0.1698 | 0.1503 | 0.1390 | 0.0629 | 0.5580 |
| E1 | 0.0831 | 0.0848 | 0.0856 | 0.1848 | 0.1028 | 0.1032 |
| E2 | 0.0013 | 0.0142 | 0.0222 | 0.0999 | 0.1010 | 0.1374 |
| F1 | 0.0001 | 0.0002 | 0.0172 | 0.0566 | 0.0509 | 0.0648 |
| F2 | 0.1571 | 0.1558 | 0.1459 | 0.0358 | 0.1207 | 0.1079 |
| F3 | 0.0706 | 0.0782 | 0.0626 | 0.1347 | 0.0530 | 0.0207 |
| G1 | 0.0513 | 0.0727 | 0.0750 | 0.0520 | 0.0568 | 0.0939 |
| G2 | 0.1133 | 0.0638 | 0.0895 | 0.0606 | 0.0304 | 0.0014 |
| G3 | 0.2791 | 0.1947 | 0.1388 | 0.1020 | 0.0964 | 0.0492 |
| H1 | 1.4008 | 0.0262 | 0.0416 | 0.1351 | 0.0975 | 0.1008 |
| H2 | 0.0017 | 0.0120 | 0.1573 | 0.0570 | 0.0382 | 0.0471 |

续表

| 指标 | 2017 年 | 2018 年 | 2019 年 | 2020 年 | 2021 年 | 2022 年 |
|------|---------|---------|---------|---------|---------|---------|
| A1 | 0.0799 | 0.0299 | 0.0114 | 0.0022 | 0.0539 | 0.0660 |
| A2 | 0.1497 | 0.0846 | 0.0627 | 0.0511 | 0.0174 | 0.0156 |
| A3 | 0.1065 | 0.1161 | 0.1422 | 0.1338 | 0.1895 | 0.1959 |
| B1 | 0.1256 | 0.1027 | 0.1350 | 0.1596 | 0.1430 | 0.1446 |
| B2 | 0.0972 | 0.1253 | 0.1469 | 0.1598 | 0.1447 | 0.1468 |
| B3 | 0.0947 | 0.1209 | 0.1204 | 0.1535 | 0.1611 | 0.1980 |
| B4 | 0.0720 | 0.0867 | 0.1194 | 0.1378 | 0.2024 | 0.2093 |
| C1 | 0.1441 | 0.1787 | 0.0346 | 0.0697 | 0.1066 | 0.1377 |
| C2 | 0.0340 | 0.0315 | 0.0836 | 0.1196 | 0.1281 | 0.1281 |
| C3 | 0.1551 | 0.1267 | 0.1241 | 0.1222 | 0.1064 | 0.0969 |
| D1 | 0.1127 | 0.1105 | 0.1139 | 0.1155 | 0.1175 | 0.1465 |
| D2 | 0.0536 | 0.0759 | 0.0687 | 0.0744 | 0.0087 | 0.0287 |
| D3 | 0.0419 | 0.0032 | 0.0076 | 0.0019 | 0.0541 | 0.0768 |
| E1 | 0.1040 | 0.0104 | 0.0987 | 0.0881 | 0.0845 | 0.0654 |
| E2 | 0.1071 | 0.1030 | 0.1111 | 0.1232 | 0.1192 | 0.1050 |
| F1 | 0.0877 | 0.1081 | 0.1292 | 0.1440 | 0.1741 | 0.1881 |
| F2 | 0.0596 | 0.0308 | 0.0157 | 0.0236 | 0.0304 | 0.0335 |
| F3 | 0.0014 | 0.1271 | 0.1304 | 0.1243 | 0.1396 | 0.1414 |
| G1 | 0.1113 | 0.1300 | 0.1261 | 0.0013 | 0.1098 | 0.1125 |
| G2 | 0.0315 | 0.0571 | 0.0985 | 0.1141 | 0.1392 | 0.1604 |
| G3 | 0.0344 | 0.0121 | 0.0025 | 0.0028 | 0.0302 | 0.0274 |
| H1 | 0.1401 | 0.0963 | 0.1004 | 0.1099 | 0.1144 | 0.1158 |
| H2 | 0.0844 | 0.1139 | 0.1460 | 0.1573 | 0.1743 | 0.1753 |

资料来源：由笔者计算输出。

# 参 考 文 献

［1］白强.建设世界科技强国的驱动逻辑、关键路径与中国突破——基于英德美建设世界科技强国的历史考察［J］.中国科学院院刊，2023（10）.

［2］曹东坡，于诚，徐保昌.高端服务业与先进制造业的协同机制与实证分析——基于长三角地区的研究［J］.经济与管理研究，2014（3）.

［3］曹建海，王高翔.工业互联网平台的国际横向比较与影响因素研究［J］.学习与探索，2023（6）.

［4］曹雨阳，黄建康.数字经济对江苏省制造业高质量发展的影响研究——基于江苏省城市面板数据的实证分析［J］.经营与管理，2023（10）.

［5］陈虹，李赠铨.中国先进制造业国际竞争力的实证分析［J］.统计与决策，2019（7）.

［6］陈景华，徐金.中国现代服务业高质量发展的空间分异及趋势演进［J］.华东经济管理，2021（11）.

［7］陈俊.构建深圳制造业高质量发展评价指标体系研究［J］.特区经济，2020（2）.

［8］陈鸣麒.互联网产业的生态群落运行机理与演替过程研究［D］.上海：复旦大学，2008.

［9］陈胜棋.制造业与生产性服务业融合对中国制造业升级的影响研究［D］.北京：首都经济贸易大学，2022.

［10］陈树良.辽宁省现代服务业与先进制造业融合的耦合协调实证分析［J］.辽宁工业大学学报（社会科学版），2022（6）.

［11］陈羽洁，赵红岩，郑万腾.不同集聚模式对产业发展阶段创新效率的影响——基于我国创意产业的分析［J］.广东财经大学学报，2020（5）.

[12] 褚衍昌，连文浩，严子淳．基于 DEA－GRA 双层模型的制造业与物流业联动效率测度 [J]．统计与决策，2021 (1)．

[13] 崔丽影，张恒硕．"两业"融合对制造业价值链攀升的影响及作用机制研究 [J]．资源开发与市场，2023 (12)．

[14] 窦大鹏，匡增杰．制造业服务化与全球价值链位置提升——基于制造业企业的分析 [J]．国际商务研究，2022 (1)．

[15] 杜传忠．先进制造业与现代服务业深度融合发展的新趋势 [J]．人民论坛，2023 (19)．

[16] 傅为忠，储刘平．长三角一体化视角下制造业高质量发展评价研究——基于改进的 CRITIC－熵权法组合权重的 TOPSIS 评价模型 [J]．工业技术经济，2020 (9)．

[17] 高艳，马珊，张成军．产业集聚视角下制造业国际竞争力研究 [J]．统计与决策，2019 (21)．

[18] 高志．金融结构调整、金融功能完善与制造业自主创新——基于中国 24 个制造行业的实证研究 [J]．华东经济管理，2017 (9)．

[19] 耿伟，王筱依，李伟．数字金融是否提升了制造业企业出口产品质量——兼论金融脆弱度的调节效应 [J]．国际商务（对外经济贸易大学学报），2021 (6)．

[20] 顾乃华，毕斗斗，任旺兵．生产性服务业与制造业互动发展：文献综述 [J]．经济学家，2006 (6)．

[21] 郭朝先．产业融合创新与制造业高质量发展 [J]．北京工业大学学报（社会科学版），2019 (4)．

[22] 郭娟娟，许家云，杨俊．制造业服务化与企业污染排放：来自中国制造业企业的证据 [J]．国际贸易问题，2022 (5)．

[23] 郭鑫，张婧婧，池康伟等．中国与美国、日本、德国制造业国际竞争优势比较研究及相关政策建议 [J]．中国科学院院刊，2023 (8)．

[24] 郭燕青，李海铭．科技金融投入对制造业创新效率影响的实证研究——基于中国省级面板数据 [J]．工业技术经济，2019 (2)．

[25] 韩峰，阳立高．生产性服务业集聚如何影响制造业结构升级？——一个集聚经济与熊彼特内生增长理论的综合框架 [J]．管理世界，2020 (2)．

［26］贺祥民，赖永剑．产业融合对绿色创新效率的非线性影响——基于高技术服务业与制造业融合的经验证据［J］．技术经济与管理研究，2020（9）．

［27］洪群联．先进制造业和现代服务业融合发展的区域实践——基于40家国家两业融合试点区域的观察［J］．宏观经济管理，2023（9）．

［28］洪群联．中国先进制造业和现代服务业融合发展现状与"十四五"战略重点［J］．当代经济管理，2021（10）．

［29］胡金星．产业融合的内在机制研究［D］．上海：复旦大学，2007．

［30］胡晶．先进制造业与现代服务业互动融合发展分析［J］．新经济，2015（Z2）．

［31］胡永佳．产业融合的思想源流：马克思与马歇尔［J］．中共中央党校学报，2008（2）．

［32］黄舒旻，洪钰敏．"两业融合"助推广州制造新飞跃［N］．南方日报，2023 – 09 – 01．

［33］黄顺春，张书齐．中国制造业高质量发展评价指标体系研究综述［J］．统计与决策，2021（2）．

［34］纪玉俊，王雪．新时代背景下我国制造业的高质量发展评价研究［J］．青岛科技大学学报（社会科学版），2019（2）．

［35］季小立，周伟杰，马滔．物流成本管理创新与长三角制造业企业竞争力——基于中、美制造业物流效率的比较［J］．现代经济探讨，2018（8）．

［36］江小涓．服务业增长：真实含义、多重影响和发展趋势［J］．经济研究，2011（4）．

［37］靖鲲鹏，张秀妮，宋之杰．"大智移云"背景下信息服务业与制造业耦合发展研究——以河北省为例［J］．管理现代化，2018（3）．

［38］科技部印发现代服务业科技发展"十二五"专项规划［J］．中国科技产业，2012（3）．

［39］孔宪香，张钰军．我国制造业与生产性服务业耦合协调度及其影响因素分析［J］．现代管理科学，2022（5）．

［40］李宏，鲁晏辰，魏程秋．金融发展与制造业全球价值链分布研

究 [J]. 北京工商大学学报（社会科学版），2018（3）.

[41] 李敏，潘泓晶，顾玲琍. 新形势下美德日三国引进高端人才的启示 [J]. 科技中国，2022（9）.

[42] 李宁，韩同银. 京津冀生产性服务业与制造业协同发展实证研究 [J]. 城市发展研究，2018（9）.

[43] 李汝仙，郑季良. 数字经济能促进制造业高质量发展吗？——基于省级面板数据的实证研究 [J]. 科技和产业，2024（3）.

[44] 李史恒，屈小娥. 数字经济赋能制造业高质量发展：理论机制与实证检验 [J]. 经济问题探索，2022（10）.

[45] 李文秀，夏杰长. 基于自主创新的制造业与服务业融合：机理与路径 [J]. 南京大学学报（哲学. 人文科学. 社会科学版），2012（2）.

[46] 李向阳，冯谞. 信息化与工业企业科技创新融合水平测度及提升策略研究 [J]. 工业技术经济，2020（12）.

[47] 李晓华，刘峰. 产业生态系统与战略性新兴产业发展 [J]. 中国工业经济，2013（3）.

[48] 李晓钟，陈涵乐，张小蒂. 信息产业与制造业融合的绩效研究——基于浙江省的数据 [J]. 中国软科学，2017（1）.

[49] 李赟. 我国生产性服务业和制造业融合与结构变迁的协同发展研究 [D]. 太原：山西财经大学，2022.

[50] 梁榜，张建华. 对外经济开放、金融市场发展与制造业结构优化 [J]. 华中科技大学学报（社会科学版），2018（4）.

[51] 梁培培，崔世鹏. 先进制造业与现代服务业融合度测算——基于2002－2018年中国投入产出表 [J]. 安庆师范大学学报（社会科学版），2022（4）.

[52] 凌永辉，张月友，沈凯玲. 生产性服务业发展、先进制造业效率提升与产业互动——基于面板联立方程模型的实证研究 [J]. 当代经济科学，2017（2）.

[53] 刘国新，王静，江露薇. 我国制造业高质量发展的理论机制及评价分析 [J]. 管理现代化，2020（3）.

[54] 刘继国，李江帆. 国外制造业服务化问题研究综述 [J]. 经济学家，2007（3）.

［55］刘佳，代明，易顺．先进制造业与现代服务业融合：实现机理及路径选择［J］．学习与实践，2014（6）．

［56］刘茂松，曹虹剑．信息经济时代产业组织模块化与垄断结构［J］．中国工业经济，2005（8）．

［57］刘昕禹，杨明洪，吴晓婷．百年未有之大变局下中国制造业转型解析与日本经验借鉴［J］．当代经济管理，2023（3）．

［58］刘兆国，王云凤．全球价值链视角下日本制造业国际竞争力分析及其对中国的启示［J］．当代经济研究，2021（5）．

［59］路丽，刘慧．中国现代服务业与先进制造业耦合协调的时空演化［J］．技术经济与管理研究，2022（7）．

［60］罗序斌，黄亮．中国制造业高质量转型升级水平测度与省际比较——基于"四化"并进视角［J］．经济问题，2020（12）．

［61］吕雪梅．我国跨境电商对对外贸易影响的实证研究［D］．北京：对外经济贸易大学，2017．

［62］吕有金．产业融合对我国制造业效率提升的影响［D］．南京：南京财经大学，2017．

［63］吕越，陈泳昌，张昊天，诸竹君．电商平台与制造业企业创新——兼论数字经济和实体经济深度融合的创新驱动路径［J］．经济研究，2023（8）．

［64］马健．产业融合理论研究评述［J］．经济学动态，2002（5）．

［65］马健．信息产业融合与产业结构升级［J］．产业经济研究，2003（2）．

［66］马宗国，曹璐．制造企业高质量发展评价体系构建与测度——2015—2018年1881家上市公司数据分析［J］．科技进步与对策，2020（17）．

［67］米利群．河北省先进制造业与现代服务业融合水平测度研究［J］．吉林工商学院学报，2020（1）．

［68］聂子龙，李浩．产业融合中的企业战略思考［J］．软科学，2003（2）．

［69］潘为华，潘红玉，陈亮，贺正楚．中国制造业转型升级发展的评价指标体系及综合指数［J］．科学决策，2019（9）．

[70] 彭徽，匡贤明．中国制造业与生产性服务业融合到何程度——基于2010—2014年国际投入产出表的分析与国别比较 [J]．国际贸易问题，2019（10）．

[71] 齐亚伟，刘丹．信息产业发展对区域产业结构高度化的作用机制 [J]．数学的实践与认识，2014（6）．

[72] 钱龙，何永芳．中国服务业制造化的产业绩效研究——来自世界投入产出表的经验证据 [J]．经济经纬，2019（1）．

[73] 覃毅，张世贤．FDI对中国工业企业效率影响的路径——基于中国工业分行业的实证研究 [J]．中国工业经济，2011（11）．

[74] 任碧云，贾贺敬．金融有效支持中国制造业产业升级了吗？——基于金融规模、金融结构和金融效率的实证检验 [J]．财经问题研究，2019（4）．

[75] 商黎．先进制造业统计标准探析 [J]．统计研究，2014（11）．

[76] 宋林，王嘉丽，李东倡．"两业"融合与先进制造业全要素生产率 [J]．西安交通大学学报（社会科学版），2024（2）．

[77] 苏永伟．生产性服务业与制造业融合水平测度研究——基于2005—2018年的省级面板数据 [J]．宏观经济研究，2020（12）．

[78] 苏永伟．中部地区制造业高质量发展评价研究——基于2007—2018年的数据分析 [J]．经济问题，2020（9）．

[79] 苏梽芳，邓长哲．福建省制造业和服务业融合水平测度及模式评价研究 [J]．科技和产业，2023（2）．

[80] 孙正，杨素，刘瑾瑜．我国生产性服务业与制造业协同融合程度测算及其决定因素研究 [J]．中国软科学，2021（7）．

[81] 汤长安，张丽家．产业协同集聚的区域技术创新效应研究——以制造业与生产性服务业为例 [J]．湖南师范大学社会科学学报，2020（3）．

[82] 唐红祥，张祥祯，吴艳，贺正楚．中国制造业发展质量与国际竞争力提升研究 [J]．中国软科学，2019（2）．

[83] 唐晓华，张欣珏，李阳．中国制造业与生产性服务业动态协调发展实证研究 [J]．经济研究，2018（3）．

[84] 陶长琪，周璇．产业融合下的产业结构优化升级效应分析——

基于信息产业与制造业耦联的实证研究 [J]. 产业经济研究, 2015 (3).

[85] 田海程, 陈镜宇, 范瑜, 乔迎夏, 刘嘉伟, 王婷. 金融支持在河北农业高新技术产业园区发展中的问题研究 [J]. 时代金融, 2017 (2).

[86] 涂强楠, 何宜庆. 数字普惠金融、科技创新与制造业产业结构升级 [J]. 统计与决策, 2021 (5).

[87] 万强, 陈玲. 河南省先进制造业与现代服务业耦合协调度评价与动态演进 [J]. 信阳师范学院学报 (哲学社会科学版), 2023 (6).

[88] 汪鸣. 我国物流产业转型发展路径探讨 [J]. 中国物流与采购, 2019 (21).

[89] 王福世. 城市群人才集聚、人才资本对经济增长贡献的测算 [J]. 统计与决策, 2023 (4).

[90] 王海兵. 产业政策化解产能过剩的国际经验与启示——以美国和日本钢铁产业为例 [J]. 现代日本经济, 2018 (6).

[91] 王欢芳, 彭琼, 傅贻忙, 刘奎兵. 先进制造业与生产性服务业融合水平测度及驱动因素研究 [J]. 财经理论与实践, 2023 (1).

[92] 王卉彤, 刘靖, 雷丹. 新旧两类产业耦合发展过程中的科技金融功能定位研究 [J]. 管理世界, 2014 (2).

[93] 王静, 谷慧玲, 孙洪哲. 河北省生产性服务业与制造业互动发展的若干思考 [J]. 中国证券期货, 2012 (3).

[94] 王梅娟, 余东华. 制造业高质量发展的区域差异测度、动态演进及来源分解 [J]. 统计与决策, 2022 (18).

[95] 王娜, 李秀芬. 国内价值链与制造业服务化——来自中国省际的经验证据 [J]. 东岳论丛, 2023 (11).

[96] 王思语, 郑乐凯. 制造业服务化是否促进了出口产品升级——基于出口产品质量和出口技术复杂度双重视角 [J]. 国际贸易问题, 2019 (11).

[97] 王晓蕾, 王玲. 我国物流业制造业融合发展对制造业的产业升级效应及地区差异研究 [J]. 经济问题探索, 2022 (2).

[98] 王一鸣. 服务业发展进入全面跃升关键期 [J]. 中外企业家, 2017 (23).

［99］王毅，丁正山，余茂军等．基于耦合模型的现代服务业与城市化协调关系量化分析——以江苏省常熟市为例［J］.地理研究，2015（1）.

［100］王玉梅，周一诺，孙小强．数字经济下先进制造业与现代服务业的融合创新研究——机理、测量与对策［J］.经济社会体制比较，2024（1）.

［101］魏嘉淇．产业融合促进新动能培育的对策研究——以河北省为例［J］.价值工程，2019（34）.

［102］魏檬燕，韦振威．苏州市中小企业就业吸纳能力调查及对策分析［J］.中国市场，2014（12）.

［103］魏向杰．协同生产性服务业与先进制造业高水平融合发展［J］.唯实，2020（6）.

［104］吴碧凡．制造业与物流业联动发展动态均衡及现状分析［J］.西南交通大学学报（社会科学版），2017（3）.

［105］吴颖，刘志迎．产业融合——突破传统范式的产业创新［J］.科技管理研究，2005（2）.

［106］夏杰长，肖宇．以制造业和服务业融合发展壮大实体经济［J］.中国流通经济，2022（3）.

［107］夏秋．制造业服务化能否促进产业结构升级——基于技术创新和服务需求的中介效应分析［J］.中国科技论坛，2021（7）.

［108］肖挺，蒋金法．全球制造业服务化对行业绩效与全要素生产率的影响——基于国际投入产出数据的实证分析［J］.当代财经，2016（6）.

［109］肖远飞，刘杰．数字经济对中国制造业高质量发展的影响研究［J］.特区经济，2023（12）.

［110］徐常萍，吴敏洁．环境规制对制造业产业结构升级的影响分析［J］.统计与决策，2012（16）.

［111］徐国祥，常宁．现代服务业统计标准的设计［J］.统计研究，2004（12）.

［112］宣烨，余泳泽．生产性服务业集聚对制造业企业全要素生产率提升研究——来自230个城市微观企业的证据［J］.数量经济技术经济研

究，2017（2）.

［113］薛君，许雷鑫，张利. 数字经济下制造业升级的德国模式及借鉴［J］. 宏观经济管理，2023（4）.

［114］闫星宇，张月友. 我国现代服务业主导产业选择研究［J］. 中国工业经济，2010（6）.

［115］颜青，殷宝庆，刘洋. 绿色技术创新、节能减排与制造业高质量发展［J］. 科技管理研究，2022（18）.

［116］杨蕙馨，齐超，张金艳. "两业"融合何以实现？——基于海尔集团"能力建构—动态适配"的纵向案例研究［J］. 经济管理，2023（12）.

［117］杨英法，周子波，陈静. 以文化和智能制造推进先进制造业发展的路径研究——以河北省为例［J］. 云南社会科学，2018（3）.

［118］尹彦罡，魏芳，高艳. 新发展阶段河北省制造业高质量发展着力点探析［J］. 河北经贸大学学报（综合版），2023（4）.

［119］于斌斌，胡汉辉. 产业集群与城市化共生演化的机制与路径——基于制造业与服务业互动关系的视角［J］. 科学学与科学技术管理，2014（3）.

［120］于波，范从来. 我国先进制造业发展战略的 PEST 嵌入式 SWOT 分析［J］. 南京社会科学，2011（7）.

［121］于洋，杨明月，肖宇. 生产性服务业与制造业融合发展：沿革、趋势与国际比较［J］. 国际贸易，2021（1）.

［122］袁纯清. 共生理论及其对小型经济的应用研究（上）［J］. 改革，1998（2）.

［123］袁纯清. 共生理论及其对小型经济的应用研究（下）［J］. 改革，1998（3）.

［124］原毅军，郭然. 生产性服务业集聚、制造业集聚与技术创新——基于省级面板数据的实证研究［J］. 经济学家，2018（5）.

［125］张大卫，苗晋琦，喻新安等. 跨境电商蓝皮书：中国跨境电商发展报告（2023）［M］. 北京：社会科学文献出版社，2023.

［126］张倩，赵彤，凌迎兵. 数字化赋能"两业"融合的国内外经验及路径研究［J］. 对外经贸，2024（2）.

［127］张秋菊，惠仲阳，李宏. 美日英三国促进先进制造发展的创新政策重点分析［J］. 全球科技经济瞭望，2017（7）.

［128］张幸，钟坚，王欢芳. 中国先进制造业与现代服务业融合水平测度及影响因素研究［J］. 财经理论与实践，2022（3）.

［129］张玉华，张涛. 科技金融对生产性服务业与制造业协同集聚的影响研究［J］. 中国软科学，2018（3）.

［130］赵新华. 产业融合对经济结构转型的影响：理论及实证研究［D］. 长沙：湖南大学，2014.

［131］赵玉林，裴承晨. 技术创新、产业融合与制造业转型升级［J］. 科技进步与对策，2019（11）.

［132］郑江绥，董书礼. 美国、欧盟发展制造业的经验及其对我国的启示［J］. 中国科技论坛，2006（3）.

［133］郑瑛琨. 经济高质量发展视角下先进制造业数字化赋能研究［J］. 理论探讨，2020（6）.

［134］植草益. 信息通讯业的产业融合［J］. 中国工业经济，2001（2）.

［135］周振华. 信息化与产业融合［M］. 上海：上海人民出版社，2003.

［136］Akhter, Humayun, Dorothy I R. Service – Led growth: The role of the service sector in world development［J］. Journal of Marketing, 1987（2）.

［137］Caibo Zhou, Wenyan Song. Digitalization as a way forward: A bibliometric analysis of 20 years of servitization research［J］. Journal of Cleaner Production, 2021（2）.

［138］Frosch R A, Gallopoulos N E. Strategies for manufacturing. Scientific American［J］, 1989（3）.

［139］Francois J F. Producer services, scale, and the division of labor［J］. Oxford Economic Papers, 1990（4）.

［140］Markusen J R. Trade in producer services and in other specialized intermediate inputs［J］. The American Economic Review, 1989（1）.

［141］Moore J F. Predators and Prey: A new ecology of competition.

Harvard Business Review, 1993 (3).

[142] Malhotra A. Firm strategy in converging industries: An investiga-tionof U. S. commercial bank responses to U. S. commercial-investment banking convergence [D] . Maryland, USA: University of Maryland, College Park, 2001.

[143] Neely A. Exploring the financial consequences of the servitization ofmanufacturing [J]. Operations Management Research, 2008 (1).

[144] Oliva R, Kallenberg R. Managing the transition from product to ser-vices [J]. International Journal of Service Industry Management, 2003 (2).

[145] Su J, Shen T, Jin S. Ecological efficiency evaluation and driving factor analysis of the coupling coordination of the logistics industry and manufac-turing industry [J]. Environmental Science and Pollution Research International, 2022 (41).

[146] Stanley J, Philip W. Better B2B selling [J]. McKinsey Quarterly, 2005 (3).

[147] Sassanelli C, Pacheco D A J. The impact of the internet of things on the perceived quality and customer involvement of smart product-service systems [J]. Technological Forecasting and Social Change, 2024 (4).

[148] Tansley A G. The use and abuse of vegetational concepts and terms [J]. Ecology, 1935 (3).

[149] Yoffie D B. Competing in the age of digital convergence [J]. California Management Review, 1996 (4).

# 后　记

　　本书为笔者承担的 2021 年度河北省教育厅人文社会科学研究重大课题攻关项目"'两业'融合推动河北省制造业高质量发展研究（项目编号：ZD202112）"的最终研究成果，同时为笔者承担的河北大学哲学社会科学重大培育项目"'两业'融合赋能制造出口竞争力提升的理论与实践研究（项目编号：2023HPY001）"的阶段性研究成果。在此对河北省教育厅和河北大学表示衷心的感谢！

　　本书由马文秀、杨弋靖、樊悦、王立军、闫雅茜、喻琦、张浩亮、张嘉麟、杨跃辉和任亚薇共同完成。马文秀作为课题负责人，负责全书的策划、协调和最终定稿。具体分工情况如下：第一章：马文秀、张浩亮；第二章：马文秀、黄钟镛、樊悦；第三章：马文秀、张浩亮、张嘉麟；第四章：马文秀、闫雅茜、杨弋靖；第五章：马文秀、喻琦、闫雅茜；第六章：马文秀、闫雅茜、喻琦；第七章：王立军、闫雅茜、杨跃辉；第八章：马文秀、喻琦、樊悦、任亚薇；第九章：马文秀、杨弋靖、张浩亮。

　　经济科学出版社经管编辑中心为本书的顺利出版做了细致的工作，在此表示衷心感谢！

　　在本书的撰写过程中，国内外大量相关文献资料给我们带来诸多灵感和启示，在此对各位作者表示衷心的感谢！

　　因笔者水平有限，书中不妥之处，欢迎读者与同行批评指正。

**马文秀**

2024 年 5 月于河北大学